W0414114

2. Auflage
unveränderter Nachdruck
© 2002
Gesamtherstellung:
Detlef Mönch Druck u. Verlag GmbH, Essen

weitere Informationen unter:
www.nachtjaegerspoden.de

ISBN 3-934173-07-1

Inhalt

Wer wird in diesen Zeiten noch wissen,
wie's uns ging,
wenn Schwätzer sich verbreiten,
doch wir schon nicht mehr sind?

Boris Pasternak

Vorwort

Die nachfolgenden Aufzeichnungen und Erinnerungen sind für meine Enkelkinder bestimmt. Sie sollen wissen, weshalb und wie ihr Großvater den 2. Weltkrieg mitgemacht hat, welche Gedanken und Gefühle ihn dabei bewegt haben. Ich werde versuchen, keine eitle Autobiografie, Selbstdarstellung oder Rechtfertigung zu schreiben, sondern an Hand von Tagebuchnotizen, Dokumenten und klaren Aussagen jene Zeit zurückzurufen, die unsere Jugend war und die ein rechtswidriges, verbrecherisches System missbraucht hat.

Je älter ich werde, desto mehr holen mich die Erinnerungen meiner Jugend ein. Früher, nach getaner Arbeit, schlief ich oft zehn oder mehr Stunden durch, meist traumlos. Heute, als alter Mann, werde ich nach 3-4 Stunden wach, habe wild geträumt, kann nicht gleich einschlafen und manche Erlebnisse, an die ich schon lange nicht mehr gedacht habe, stehen plötzlich lebhaft vor mir.

Da lande ich in meinen Träumen mitten in einer Stadt auf der Straße, die Flugzeugflächen brechen links und rechts an den Häuserwänden weg und ich rutsche, eingeklemmt in Cockpit und Rumpf, immer weiter. Die Landebahn ist viel zu kurz, ich überschieße. Das andere Mal trudele ich auf die Erde zu, komme nicht vom Sitz frei, die Zentrifugalkraft drückt mich fest auf den Fallschirm unter mir. Ganz schlimm ist es, wenn wieder alles brennt. Überall rote, grüne und gelbe Lichter, viele helle Scheinwerfer, Leuchtspurmunition von anderen Flugzeugen, ganz unten brennende Häuser, Flakfeuer – und ich mittendrin! Ich weiß, es klingt furchtbar dramatisch, aber es ist so. Ich komme nicht los von dieser Zeit, je älter ich werde.

Ich werde versuchen, ehrlich und sachlich zu schreiben, wenn auch der Schreibstil darunter leiden sollte. Fiktionen liegen mir nicht. Fiktionen sind

◀ *Leutnant Spoden 1942*
▼ *Als Flugkapitän nach dem Krieg*

oft Phantasiegebilde, die zerplatzen, wenn man hinter die Person des Schreibers schaut. Vielleicht befreie ich mich mit dieser Schreiberei ein wenig von den Tag- und Nachtträumen.

Es gibt auch schöne Fliegerträume. Da brauche ich keine Tragflächen und keinen Motor, sondern strecke nur meine Arme seitwärts aus und schon fliege ich. Dann segle ich wie ein Adler oder Bussard über Wälder, Berge und Seen und lasse die Menschen weit unter mir. Ich weiß auch, woher das kommt. Es kommt vom stundenlangen Segelfliegen in der Thermik und in den gewaltigen Gebirgswellen über den Alpen in schnittigen Einsitzern und vom Drachenfliegen im Allgäu. Das motorlose Fliegen ist die schönste Art des Fliegens. Wer richtig geflogen hat, kommt vom Fliegen nicht mehr los; der ist sein ganzes Leben gefangen, der glaubt daran, dass die Flieger ein besonderes Volk sind mit einem wissenden Lächeln, wenn sie zum Flugzeug gehen. Das sind Leute, die sich auf der ganzen Welt bestens verstehen. Wie Ikarus, frei wie ein Vogel!

Ich habe das Glück gehabt, in dem Jahrhundert der Fliegerei gelebt zu haben, mit allen Höhen und Tiefen. Lilienthal, die Wright-Brüder, Lindbergh, Köhl-Hünefeld und St. Exupery waren meine Vorbilder und die vielen anderen Flieger, die in den letzten hundert Jahren mutig Ozeane, Wüsten und die Pole überflogen haben und dabei oft verschollen sind.

Wenn also meine Enkelkinder die nachfolgenden Zeilen lesen, sollen sie immer daran denken, dass ihr Grossvater in erster Linie Flieger und dann erst Soldat war.

Peter Spoden

I

Wurzeln meiner Familie und wie ich das Fliegen lernte

Meine Mutter (geboren 1900) war die Älteste von 14 Kindern einer gut bürgerlichen Familie aus Essen-Altendorf, wo einige Bauern im 19. Jahrhundert durch den Verkauf ihres Landes an die Kruppschen Werke zu schnellem Reichtum gekommen waren. Noch heute ist die Rullichstrasse in Essen-West nach Mutters Großvater benannt, der auf diese Weise einiges Vermögen erwerben konnte.

Mein Vater (geboren 1893) war hingegen das Jüngste von 9 Kindern eines armen Eifeler Bauern aus der Prümer Gegend, dessen Söhne im Ruhrgebiet bei der Reichsbahn um Anstellung suchten, da nur einer den kleinen Hof übernehmen konnte. Und dieser eine, Onkel Valentin, ist nachher im ersten Weltkrieg „gefallen", wie es damals so schön hieß. Kinderreiche Familien waren im katholischen Rheinland um die Jahrhundertwende gang und gäbe. Man kannte kein Radio oder Fernsehen, man liebte sich ohne Verhütungsmittel. Abtreibung galt als Sünde und war verbrecherisch. Meine Mutter erlebte ihre eigene Mutter nur mit einem „dicken Bauch", wie sie mir später erzählte. Jedes Jahr ein Kind und sie als Älteste zum Kinderhüten, so meinte sie und war mit 18 Jahren bestrebt, dem Kinderreichtum des Elternhauses zu entfliehen.

Eine Zeitungsannonce brachte meine Eltern zusammen, auch das war damals üblich. Als sie 1921 mit mir schwanger ging, war sie davon gar nicht erbaut. Die jungen Damen nach dem ersten Weltkrieg hatten genug von dieser Männergesellschaft und wollten nach den Hungerjahren 1914-1918 und den

▲ *Mit Urgroßvater, der seine Medaillen vom Krieg gegen Frankreich 1871 trägt*
▼ *Meine Eltern 1923 vor der Ausweisung*

Steckrübenwintern im Ruhrgebiet das Leben genießen. Es kam die Zeit der „Bubiköpfe" und der jungen unabhängigen Frauen in den zwanziger Jahren, die ihr Geld als Sekretärin oder Verkäuferin selbst verdienen wollten.

Wie sie mir später erzählte, sei sie, um mich los zu werden, bei den ersten Anzeichen der Schwangerschaft immer wieder vom Küchentisch auf den Boden gesprungen, aber es hätte nichts genützt, ich hätte mich zu sehr festgekrallt, so meinte sie. „Aber zumindest", so ihre Worte, „hast Du auf diese Weise das Fliegen gelernt!" Ich war schon lange Verkehrspilot, als sie mir das erzählte und fand die Geschichte ganz amüsant. Als Junge in der Pubertät hätte mich Mutters Geschichte mehr getroffen.

Sie hat insgesamt vier gesunde Kinder bekommen, ist uns allen auch im zweiten Weltkrieg – oft genug ohne Vater – eine gute Mutter gewesen und über 92 Jahre alt geworden. Ihr Schicksal steht für viele Frauen im vergangenen Jahrhundert. Diese Frauen haben nur Arbeit und Entbehrung gekannt. Die beiden Kriege haben ihnen die schönsten Jahre ihres Lebens genommen. Wir sprechen immer wieder von den Männern, von den Soldaten, aber es waren die Mütter, die die größere Last getragen haben. Wer eine solche Mutter gehabt hat, aus dem ist auch etwas geworden.

Wir haben ja keinen Einfluss darauf, in welche Familie wir hineingeboren werden. Seine Eltern und seine Hautfarbe kann man sich nicht aussuchen. Wer aber in einer intakten, gesunden Familie groß wird, wo Vater und Mutter sich lieben und ihren Kindern eine gute Erziehung ermöglichen, hat alles Glück dieser Erde gepachtet. Da kommt es nur auf einen selbst an, was man draus macht. Da spielt Geld eine ganz untergeordnete Rolle. Ich hatte dieses Glück.

II

Die Besetzung des Ruhrgebiets und Hitlers Machtübernahme

Ich wusste 1923 als zweijähriges Kind natürlich nicht, was um mich herum geschah, als meine Eltern in wenigen Stunden von der französischen Besatzungsmacht aus ihrem Haus gewiesen wurden. Übrigens sollte ihnen das 1945 in Essen-Borbeck – ich war noch in Kriegsgefangenschaft – durch amerikanischen Fronttruppen noch einmal passieren.

Man hat heute vergessen, dass 1919 und 1920 durch kommunistische Unruhen das Ruhrgebiet mit vielen Toten nahe vor einem Bürgerkrieg stand. Gleichzeitig verlangten die Franzosen die Erfüllung der harten Reparationslieferungen und benutzten das Ruhrgebiet als Faustpfand. Im März 1921 wurden Düsseldorf und Duisburg von den Franzosen besetzt. Als 1923 die Kohlelieferungen vom damaligen Deutschen Reich nicht voll erfüllt wurden, marschierten französische und belgische Truppen (etwa 100 000 Mann) in das Ruhrgebiet ein. Die Deutsche Reichsbahn – mein Vater war inzwischen Eisenbahnbeamter geworden – wurde von Berlin zum passiven Widerstand aufgefordert, der von der ganzen Bevölkerung unterstützt wurde. Die französische Armee schoss auf Kruppsche Arbeiter, man zählte 150 Tote und die Eisenbahner im Rheinland (fast 200 000 Männer mit ihren Familien) wurden von der Besatzungsmacht des Landes verwiesen. Französisches Militär übernahm die Eisenbahnen.

Für meine jungen Eltern mit ihrem kleinen Baby war dies ein großer Schock! Innerhalb weniger Stunden mussten sie das Eisenbahnerhäuschen am Bahnhof Bochum-Langendreer unter Androhung von Waffengewalt verlassen. Nur

▲ *1923 im französisch besetzten Ruhrgebiet*
▼ *1928 im Auftrag der Reichsregierung herausgebrachte Karte*

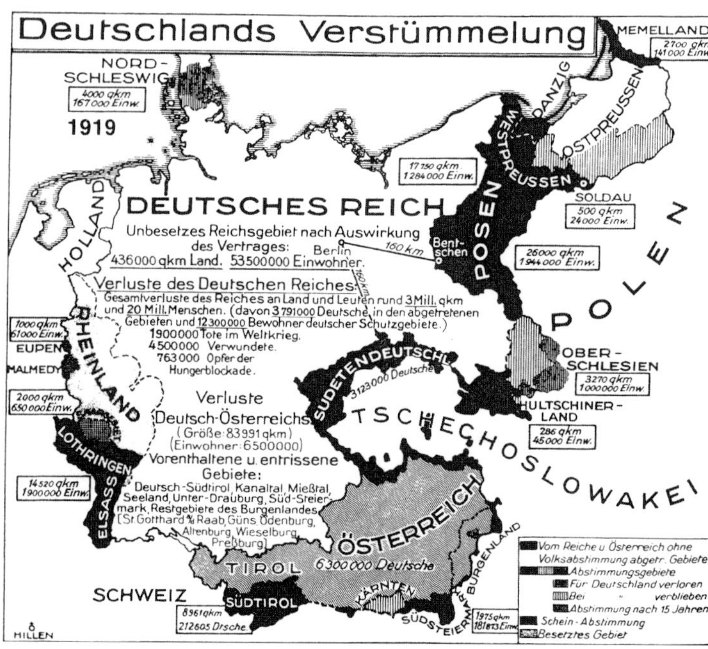

das Tragbare und der Kinderwagen durften mitgenommen werden; Möbel, Wäsche, das geliebte Klavier und die übrige Einrichtung des jungen Ehepaares blieben zurück. Die französischen Soldaten zogen in das Häuschen ein.

Meine Mutter hat dieses Leid als sie als Dreiundzwanzigjährige mit dem Baby auf der Straße stand, nie richtig überwunden. Sie befand sich ganz allein vor dem Haus, so sagte sie mir später, weit weg von ihren Eltern und Verwandten, der Ehemann verhaftet. Mit anderen Eisenbahnerfamilien wurde sie in einem Zug nach Holland, nach Winterswjyk, verfrachtet und dort blieben sie für längere Zeit im Ausland. Es war dies der erste gewaltsame Exodus des Jahrhunderts, dem noch viele, weitaus grausamere folgen sollten.

Damals herrschte in vielen Bevölkerungsschichten unseres Landes das Gefühl der ungerechten Behandlung durch die Alliierten. Auch der Vertrag von Versailles 1919 und die anderen Pariser Vorortverträge hatten dazu beigetragen. Wir lernten später in der Schule, als der Name Hitler noch unbekannt war, dass wir Deutsche 1918 die Waffen nur deshalb niedergelegt hatten, weil der US-Präsident Wilson freie Wahlen und das Selbstbestimmungsrecht für alle Deutschen versprochen hatte.

Und wie hatten sich die Alliierten verhalten? Was war geschehen? Millionen Deutsche blieben außerhalb des Reiches. Es wurden, wie so oft nach Kriegen, willkürliche Grenzen gezogen. In den Volksschulen, lange vor Hitler, zeigte man uns Schülern im Erdkundeunterricht bunte Wandtafeln mit den von Deutschland abgetrennten Gebieten. Die Information über milliardenschwere, auf Jahrzehnte festgelegte Geldreparationen an die Alliierten war allgemein bekannt. Hier war ein Weg vorgezeichnet, der ab 1933 einen unheilvollen und fürchterlichen Verlauf nehmen sollte.
Wenn heute jemand sagt, es begann alles 1933, so verkennt er historische Tatsachen. Er vergisst das Elend und die Not, die vor 1933 in weiten Kreisen der deutschen Bevölkerung, nicht nur im Ruhrgebiet, durch Arbeitslosigkeit und Weltwirtschaftskrise herrschten. Ich habe als Kind die langen Schlangen der Arbeitslosen vor den Arbeitsämtern gesehen, wo die Menschen ihr wöchentliches „Stempelgeld" von 20 Reichsmark abholten. Ich erinnere mich noch genau an die Straßenumzüge der ärmlich gekleideten Leute in Essen-West, die zu Hunderten durch die Straßen liefen und riefen: „Was haben wir?" und die brüllende Antwort aller: „Hunger!, Hunger!"

▲ *Zahlreiche Deutsche wurden von den Besatzern aus dem Ruhrgebiet wie zuvor schon aus Elsaß-Lothringen vertrieben.*
Bild: Sammelstelle für Ausgewiesene

1933, mit Hitlers Machtübernahme geschah ein Umbruch, eine „Bewegung", die die Mehrheit des Volkes erfasste, durchaus vergleichbar mit dem Aufbruchgefühl, welches wir in der Bundesrepublik empfanden, als 1989 die Berliner Mauer fiel. Wir Kinder waren begeistert von den vielen Fahnen und wollten mitmarschieren. Die neuen Marschgesänge, die alten Landsknechtslieder zur Guitarre, die Fackelmärsche am Abend, die langen Trommeln der Pimpfe und die Fanfaren faszinierten uns. Die Bündische Jugend und die katholischen Jugendgruppen machten meistens mit, wenn auch zögernd. Die Konflikte, Vereinnahmungen und Auflösungen geschahen erst in den späteren Jahren. Es wurden Heimabende sowie Zeltlager mit romantischen Lagerfeuern und alten Volksliedern veranstaltet.

Die Zeit der Hungermärsche war bald vorbei, keine täglichen Schlägereien mehr zwischen Kommunisten, Reichsbanner und Sturmabteilungen auf den Straßen. Die Abende und Wege waren für die Bürger wieder sicherer geworden. Die Eltern zeigten sich schon skeptischer, wenngleich sie sahen, dass es wirtschaftlich aufwärts ging und die sechs Millionen Arbeitslosen vor den Arbeitsämtern verschwanden.

Bei all ihren Bedenken konnten sie uns nicht hindern, voller Begeisterung in das Jungvolk und die Hitlerjugend einzutreten. Niemand von uns Jungen ahnte, wohin das alles führen würde.

III

9.11.1938
Die Essener Synagoge brennt! Meine Schulzeit.

Ich erinnere mich noch recht genau an jenen Novembertag 1938 als die Essener Synagoge brannte.

Gerade 17 Jahre alt geworden, war ich Schüler auf der Krupp-Oberrealschule in Essen-West, später Alfred-Krupp-Oberschule. Mein Berufsziel war es Diplomingenieur, Fachrichtung Flugwesen zu werden. Es war eine gute, liberale Schule mit Gymnasialzweig, die Humboldts Geist pflegte. Der frühere Schulleiter, Oberstudiendirektor Schnippenkötter, stand der Zentrumspartei nahe und wurde nach Hitlers Machtübernahme von einem strammen National-Sozialisten, einem Herrn Wittig, abgelöst. Der wollte einige Neuerungen einführen, stieß aber auf Widerspruch beim Lehrerkollegium. Er beabsichtigte, die Orgel in der großen Aula als „dekadente" Musik abzuschaffen und die klassische Orgelmusik durch forschen Marschliederton zu ersetzen. Das gelang ihm nicht. Das Lehrerkollegium zog nicht mit. Nur wenige Studienräte traten, obwohl Pressionen ausgesetzt, der Partei bei. Wir Sekundaner und späteren Primaner hatten natürlich ein Gespür für diese unterschwelligen Konflikte in der Lehrerschaft. Unser Deutschlehrer Dr. Tillmanns verweigerte zunächst den Hitlergruß, mit dem die Lehrer uns bei Unterrichtsbeginn begrüßen mussten. Nach Belehrung durch Direktor Wittig hob er den rechten Arm schief angewinkelt hoch, er hatte dort eine Kriegsverletzung vom 1. Weltkrieg und sagte: „Guten Tag, ach Entschuldigung, Heil Hitler meine Herren!" Er lehnte das neue Regime ganz klar ab und brachte dies im Unterricht oft zum Ausdruck. „Warum spricht man heute bei der Weimarer Republik von der Systemzeit?", so fragte er und ich erinnere mich ganz genau. „System heißt doch Ordnung,

▲ *Klassenausflug 1936*

oder?" Und überließ uns die Antwort. Wenn Direktor Wittig zur Kontrolle in den Unterricht kam, fand Dr. Tillmanns innerhalb kürzester Zeit von jedem Thema in bewundernswerter Weise den Übergang zu „Blut und Boden", worauf Wittig verschwand. Ich mochte diesen Lehrer. Während eines Urlaubs im Krieg besuchte ich meine alte Schule. Ein Dr. Stöcker, weniger scharf, war inzwischen Schulleiter geworden, Wittig befand sich irgendwo im Osten und auch Dr. Tillmanns war nicht mehr da. Er war in ein Konzentrationslager eingeliefert worden, überlebte aber glücklicherweise.

Ein anderer Lehrer, Dr. Eiardt, er lehrte Geschichte, ließ seine sozialdemokratische Gesinnung immer wieder durchblicken. Er war politisch geschickter als Tillmanns und wurde nach dem Krieg Schulleiter. Studienrat Schwebke, Biologielehrer und Parteigenosse, brachte uns die Mendelschen Gesetze bei und erklärte nach einem Buch von Prof. Günther die verschiedenen Kopfformen der nordischen, dinarischen und ostischen Rasse. Ich erinnere mich nicht, dass ich von ihm ein abwertendes Wort über Juden gehört habe. Lediglich ein jüngerer Physiklehrer mokierte sich über die Relativitätstheorie von Einstein, ohne jedoch die Person Einsteins schlecht zu beurteilen. Unser Kunstlehrer Derworth, ein Parteigenosse, sprach abwertend über Hitlers Aquarelle und Postkarten. Das sei keine Kunst, so meinte er, auch daran erinnere ich mich recht genau, weil mich das wunderte und ich die Aquarelle aus Hitlers Soldatenzeit für recht gut hielt.

Die Sportlehrer, meist jüngere Assessoren, waren von den neuen Unterrichtsplänen über Leibesübungen durchaus begeistert. Die erfolgreiche Olympiade 1936 in Berlin regte uns alle an. Im neuen Stundenplan war an jedem Schultag eine Stunde Sport vorgesehen, auf Kosten von Religions- und Philosophiestunden natürlich. Man stelle sich vor: jeden Tag eine Stunde Sport für Kinder, Jungen und Mädchen!

Auch die meisten Schüler fanden das großartig. In der Schwimmhalle und am Sportplatz Kerckhoffstraße wurden erfolgreich Reichsjugendsportabzeichen, Grund- und Leistungsschein des DLRG erworben. Nachmittags trafen wir uns zum Schlag- oder Faustballspiel. Organisierte Wettbewerbe für Jugendliche in den Gemeinden und Städten waren an der Tagesordnung. Es ist zu einfach, wenn man heute sagt, diese sportliche Ertüchtigung geschah im Hinblick auf den Krieg. Ich profitiere noch heute von dem Sport damals und habe ihn auch im hohen Alter beibehalten. Nach dem Krieg, in den sechziger und siebziger Jahren, als meine vier Söhne der Reihe nach das Taunusgym-

▲ *Unterprima Krupp-Oberschule 1939*
Klassenfahrt mit Studienrat Paus
(links stehend Spoden, neben ihm sitzend Hans Adelhütte)

nasium in Königstein besuchten, gab es jahrelang nur zwei Stunden Sport in der Woche und diese fielen wegen Lehrermangels meist aus. Ich war Elternsprecher in jenen Tagen und erinnere mich sehr genau an die vielen Konferenzen, bei denen wir Eltern den Stundenausfall beklagten.

Unsere Jungvolkzeit um 1934, in der wir als Zwölf- und Dreizehnjährige voller Begeisterung unsere Freizeit in Zeltlagern, bei Lagerfeuer und Klampfenmusik verbrachten, war bald vorbei. Die Hitlerjugend ab 1936 interessierte uns nur insoweit, als wir uns in der Motor-HJ. mit Automotoren und Motorrädern und in der Flieger-HJ. mit Modellen und Segelflugzeugen beschäftigen konnten. Wir machten die ersten Hüpfer auf klapprigen Segelflugzeugen und waren meist mit der Reparatur von Brüchen beschäftigt. Alkohol- oder gar Drogenprobleme gab es keine. Wir waren mit Sport und Segelfliegen zu sehr beschäftigt. Zigarettenrauchen galt als snobistisch und war keine Modeerscheinung wie heute unter Jugendlichen. Die meisten von uns haben zwar heimlich das Rauchen probiert, aber nach dem ersten Husten keinen Gefallen mehr daran gefunden. Allerdings war die Werbung auch nicht so aggressiv wie heute.

Nur zwei oder drei in der Klasse waren Hitlerjugendführer, wie mein guter Freund Hans Adelhütte. Er war einer der wenigen, der auch öfter in Uniform in der Schule erschien, wofür er von einigen von uns, die mit breiten Hosen die Tanzschule Thielemann im Stadtzentrum Essen besuchten, ganz schön aufgezogen wurde. Hans war ein netter, sportlicher Typ ohne Fanatismus, gut im Unterricht und voller Begeisterung für die national-sozialistischen Ideen. Aber er hätte nie einen unserer Lehrer denunziert. Er meldete sich bei Kriegsausbruch sofort freiwillig zur Luftwaffe, wurde vor mir Nachtjäger und nach 20 erfolgreichen Luftkämpfen mit RAF-Bombern im Norden abgeschossen. Er war einer der ersten Toten aus unserer Klasse.

Nach ~~An~~ diesem 9. November 1938 kam also Herr Studienrat Schwebke, mit dem Parteiabzeichen am Kragenrevers, morgens in die Klasse. „Meine Herren, Sie haben ja schon gehört, die Essener Synagoge hat gebrannt. Das macht man nicht. Inzwischen ist das Feuer gelöscht. Meine Herren, man steckt keine Kirchen an! Und nun wollen wir im Unterricht fortfahren." Auch diese Worte habe ich nicht vergessen, weil ich nach dem Krieg jedes Jahr durch Gedenken aller Art an diese Kristallnacht – später Pogromnacht genannt – erinnert werde.

Die Deutsche Arbeitsfront

Gauwaltung Essen

Der Gauobmann

Abtlg. Haus und Heim.

Essen, den 3. Dezember 1938.
Haus der Arbeit, Adolf-Hitler-Straße 64
Fernsprecher: 52141 Essen
Bankkonto: Bank der Deutschen Arbeit Essen
Konto-Nr. 261
Postscheckkonto: Essen Nr. 6244

Frau
A. Schlesinger,
Essen
Billrothstr.30.

Ihre Zeichen: Ihre Nachricht vom: 26.11.38 Unsere Zeichen: Hoh/H.
(In der Antwort unbedingt angeben, da Bearbeitung sonst nicht erfolgen kann.)

Betrifft: Entziehung des Berufsausweises der DAF.

Die Mitgliedschaft der Halbjuden zur Deutschen Arbeitsfront und zur NSV ist eine Kann- und keine Muss-Vorschrift. Der Gauobmann der Deutschen Arbeitsfront, Pg. Johlitz, hat deshalb verfügt, dass Halbjuden künftig nicht mehr in die DAF aufgenommen werden und die bereits aufgenommenen mit sofortiger Wirkung aus der DAF ausgeschlossen werden. Gegen diese Anordnung bestehen keine Beschwerde-Möglichkeiten. Infolgedessen wird auch Ihr Mann aus der DAF ausgeschlossen, und wir können Ihnen nunmehr den Berufsausweis der DAF nicht mehr aushändigen. Da Sie als Inhaberin des Berufsausweises der DAF von der Deutschen Arbeitsfront besonders herausgestellt werden - also gewissermassen durch Ihre Berufsausübung mit Genehmigung der DAF und dem damit verbundenen Gelderwerb Ihrem Mann mit unterhalten.

Wir stellen Ihnen anheim, Ihre Ehe trennen zu lassen und werden Ihnen gegebenenfalls hierzu mit unserm Rat zur Seite stehen. Im Falle der erfolgten Ehetrennung wird Ihnen Ihr Berufsausweis zwecks Erhaltung Ihres Geschäftes

-2-

Für uns in der Klasse haben die Religionszugehörigkeit und der Beruf des Vaters keine Rolle gespielt. Das stand im Klassenbuch und interessierte uns nicht. Es gab Katholiken, Protestanten, Freidenker, also Religionslose und Juden. Wenn auf dem Stundenplan Religion vermerkt war, gingen wir in die entsprechenden Klassenräume, wo wir den Religionslehrer trafen. Die Freidenker und Juden hatten Freistunde, wofür die meisten von uns sie beneideten. Studienrat Melsheimer, der katholische Theologe, war ein guter Lehrer, der uns zu Toleranz gegenüber Andersgläubigen erzog. Auf eine Fangfrage von uns, was er von Dr. Tillmanns hielte, der sich doch selbst als Atheisten bezeichne, antwortete er, dass wir auch Ungläubigkeit akzeptieren sollen, nicht jedermann könne tiefgläubig sein.

Ich bin heute noch meinen Lehrern auf der Alfred-Krupp-Oberschule dankbar, dass sie mir nicht nur gutes Wissen, sondern auch Toleranz und Verständnis für den Andersgläubigen beigebracht haben. Die Grundlage dazu erhielt ich in meinem Elternhaus.

So war denn das Zusammensein mit unseren jüdischen Klassenkameraden überhaupt kein Problem. Sie waren genau so Deutsche wie wir, sie sprachen die gleiche Sprache, hatten die gleichen Sorgen im Unterricht wie wir, die gleiche Angst vor den wichtigen Klassenarbeiten. Dass sie nicht in der Hitlerjugend waren, spielte keine Rolle. Die meisten von uns hatten sich von den ständigen Appellen und Aufmärschen in Uniform sowieso schon entfernt. Übrigens berichtet auch der jüdische Kunstsammler Berggruen in seinen Erinnerungen, dass es in seiner Schulklasse, auf dem Goethegymnasium in Berlin, keine antisemitischen Äußerungen gegeben habe.

Nach der Pogromnacht war alles anders. Die jüdischen Klassenkameraden waren schon vorher nicht mehr zum Unterricht erschienen. Wir fragten die Lehrer und erhielten als Antwort, dass die Eltern wohl ausgewandert seien. Das erschien uns nicht als etwas Besonderes. Wir hatten in der Klasse immer wieder Schüler, die kamen und gingen, bedingt durch die Versetzung der Eltern oder Stipendien im Ausland. Ein Klassenkamerad, Hans Hosse, ein späterer Professor in Toronto, Canada, konnte so seine Englisch-Kenntnisse als Austauschschüler in England auffrischen.

Die ganze Tragweite dieses Bruches mit den Deutschen jüdischen Glaubens am 9. November 1938, ist mir erst nach dem Krieg bewusst geworden. Aus heutiger Sicht ist mir klar, wir hätten damals beim Brand der Synagoge auf

▲ *Fritz Schlesinger als Obergefreiter und Unteroffizier*
▼ *Alfred Schlesinger, noch nicht bei der SS*

die Straße gehen müssen, wir hätten protestieren und mehr nachfragen sollen. Wir hätten uns um unsere jüdischen Mitbürger kümmern müssen.

Von zerschlagenen Scheiben habe ich auf dem Heimweg von der Schule nach Essen-Borbeck, wir wohnten am Fliegenbusch, nichts gesehen. Erst am Abend als Vater von der Arbeit aus dem Stadtzentrum heimkam, erzählte er, dass SA-Rowdies (also Leute der NSDAP-Sturmabteilung) Fensterscheiben in jüdischen Geschäften eingeschlagen hätten. Nach einiger Zeit wurde bekannt, dass in Essen-Altendorf das mir bekannte jüdische Kaufhaus Rosenberg und die gegenüberliegende Metzgerei den Besitzer gewechselt hatten. Man nannte das später mit dem Unwort jener Tage: Arisierung! Dass diese Verkäufe in Wirklichkeit Enteignungen waren, wurde von dem Großteil der Bevölkerung nicht erkannt.

Meine Einstellung zu jüdischen Mitbürgern war auch durch meinen Onkel Fritz geprägt.

Onkel Fritz, Sohn eines angesehenen jüdischen Arztes, Dr. Martin Schlesinger aus Essen-Rüttenscheid, hatte 1923 die ein Jahr jüngere Schwester meiner Mutter geheiratet. Ihr Sohn Alfred war in meinem Alter. Bei Tante Annemarie und Onkel Fritz habe ich viele Tage verbracht und gemeinsam mit Vetter Alfred manchen Streich verübt. Großonkel Martin lernte ich als gutmütigen Patriarchen kennen. Wenn ich Bilder von dem berühmten und emigrierten Dr. Freud in London sehe, erinnern mich diese Bilder immer an den bärtigen Dr. Schlesinger aus Essen-Rüttenscheid.

Sie waren alle freundlich und lieb zu mir. Wie hätte ich da judenfeindliche Gefühle entwickeln können? Dr. Schlesinger starb mit 70 Jahren glücklicherweise vor Hitlers Machtübernahme. Onkel Fritz hingegen war nach der Pogromnacht starken Pressionen durch die NSDAP ausgesetzt. Ich habe die letzten Einzelheiten erst erfahren, als ich in den neunziger Jahren den Nachlass der Schlesingers abwickelte.

Am 3.12.1938, gerade drei Wochen nach der Pogromnacht, erhielt meine Tante ein Schreiben der Deutschen Arbeitsfront Gauwaltung Essen, Adolf-Hitlerstraße, dass ihrem Mann ab sofort die Berufsberechtigung entzogen sei und dass man ihr empfehle, sich von ihrem Mann zu trennen. Sie tat das natürlich nicht und war jetzt die Ernährerin der Familie. Onkel Fritz war im ersten Weltkrieg Soldat gewesen und meldete sich 1941 im Krieg beim Heimat-

O.U., den 8/II.45

Meine liebe Mutti!

Nach großer Mühe bin ich den Russen entkommen und bin nun bei der SS Art.-Abtlg. Hier ist es ganz nett. Bin hier am Geschütz als Kan. 2. Es ist eine saubere Arbeit und nicht schwer. Kann Dir im Augenblick nicht viel schreiben, da ich nur grade in einer Feuerpause schreibe und es jeden Moment los gehen kann. Mir geht es sonst ganz gut, was ich von Dir auch hoffe. Will nun schließen und grüsse Dich mit vielen Küssen

Dein Sohn

Alfred.

kraftpark Münster, wo er trotz seiner Abstammung angenommen wurde. Ein verständiger Vorgesetzter deckte ihn bis Kriegsende. Es gab sie also, die Offiziere, die sich über die Rassengesetze und Judenzählungen in der Wehrmacht hinwegsetzten.

Alfred erging es nicht so glücklich. Er machte als Infanterist die Rückzugsgefechte an der Ostfront mit. Seine Wehrmachteinheit wurde von den Sowjets aufgerieben, ein SS-Kommando schnappte ihn und steckte ihn in SS-Uniform. Ich fand im Nachlass seinen letzten Brief an meine Tante:

Ortsunterkunft, 8.2.1945

Meine liebe Mutti!

Nach großer Mühe bin ich den Russen entkommen und bin nun bei der SS-Artillerie-Abteilung. Hier ist es ganz nett. Bin hier am Geschütz als Kanonier 2. Es ist eine saubere Arbeit und nicht schwer. Kann Dir im Augenblick nicht viel schreiben, da ich nun gerade in einer Feuerpause schreibe und es jeden Moment losgehen kann. Mir geht es sonst ganz gut, was ich auch von Dir hoffe. Will nun schließen und grüße Dich mit vielen Küssen.

Dein Sohn
Alfred

Wer Soldat im Weltkrieg war, weiß wie man schöne, beruhigende Feldpostbriefe an seine Mutter schreibt.

Zwei Wochen später wurde Alfred als Kanonier bei einem sowjet-russischen Feuerüberfall 100 km östlich von Berlin schwer verwundet, sein Nebenmann getötet. Alfred starb auf dem Wege zum Verbandsplatz.

Ein deutsches Schicksal im vergangenen Jahrhundert:

Großvater deutscher Jude, Vater Halbjude, Sohn stirbt „Heldentod“ bei der SS.

Wenn ich das am 9.11.1938 nur geahnt hätte, ich wäre mit meinen Klassenkameraden auf die Straße gegangen.

IV

Sommer 1940 – der Krieg geht an mir vorüber –

Nun war der Krieg schon mehrere Monate alt. Deutsche Armeen hatten Polen und halb Frankreich in schnellen und wenig verlustreichen Feldzügen besetzt. Mit Frankreich war es unter Marschall Petain zu einer Einigung gekommen, der Süden blieb in französischer Hand, der Norden mit der strategisch wichtigen Kanalküste blieb den Deutschen als Faustpfand gegenüber England. Und ich war immer noch kein Soldat!

Die Hälfte meiner Klassenkameraden aus dem Abiturientenlehrgang März 1940 war (meist freiwillig) schon längst eingezogen worden und hatte an siegreichen Kämpfen teilgenommen. Ich war furchbar unglücklich. Sollte das alles ohne mich geschehen? Mein Vater, ein Eisenbahnbeamter und Personalsachbearbeiter im Maschinenamt Essen II hatte direkt nach dem Abitur für mich eine Praktikantenstelle bei der Reichsbahn im Bahnbetriebswagenwerk Essen Hbf. besorgt. Vor dem Studium auf der technischen Hochschule Hannover, der einzigen damals in unserer Nähe, wo ich mich eingeschrieben hatte, musste ein Praktikum von sechs Monaten in technischen Betrieben nachgewiesen werden. Innerhalb des Ausbildungsplanes war ich jetzt als Lokomotivheizer im Rangier- und Personenzugbetrieb eingesetzt. Eine harte Arbeit, die mir trotzdem Spaß machte, weil die Lokführer mich hin und wieder die alten Dampflokomotiven fahren ließen. Damit ging ein Kindheitstraum in Erfüllung. Wir Jungen spielten damals nicht mit Computern, sondern mit Spielzeugeisenbahnen, die uns zu Weihnachten geschenkt wurden.

Aber der Krieg ging an mir vorüber, so schien es mir jedenfalls in jenen Tagen. Ich war mit Begeisterung bei der Fliegerhitlerjugend und den Segelfliegern gewesen. Sehr zum Ärger meines Vaters, der von den Braunhemden nicht viel

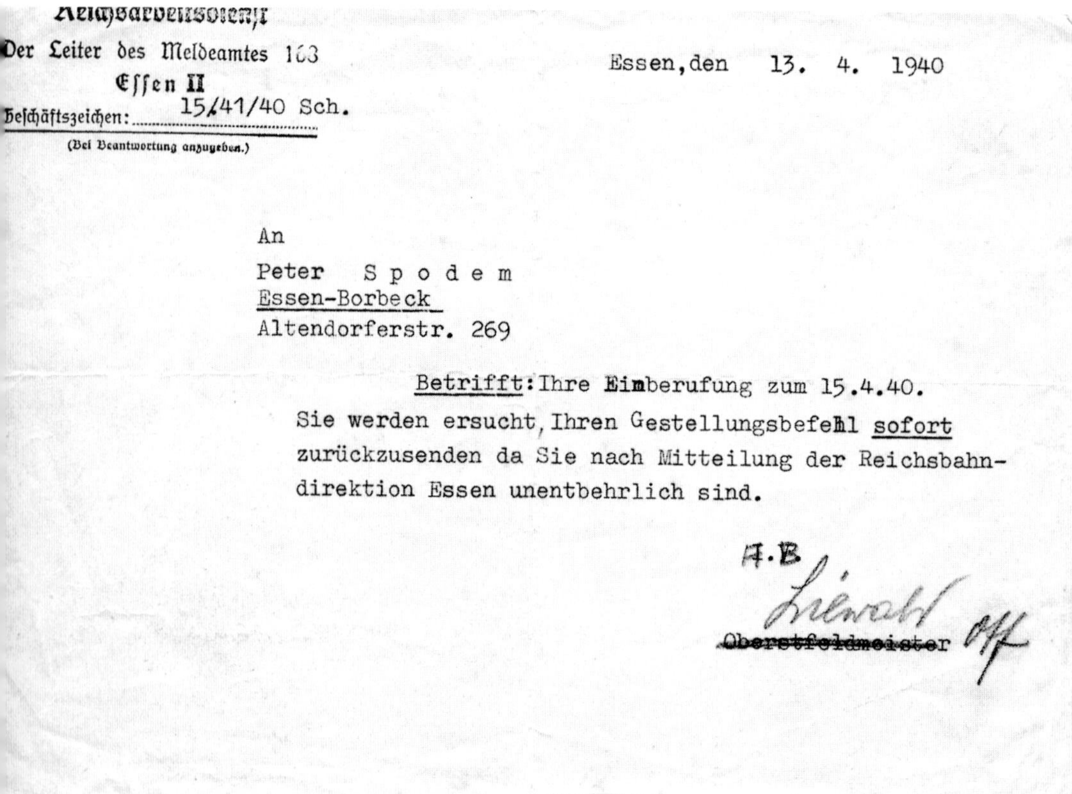

Reichsarbeitsdienst
Der Leiter des Meldeamtes 1?3
Essen II
Geschäftszeichen: 15/41/40 Sch.
(Bei Beantwortung anzugeben.)

Essen, den 13. 4. 1940

An

Peter S p o d e m
Essen-Borbeck
Altendorferstr. 269

Betrifft: Ihre Einberufung zum 15.4.40.

Sie werden ersucht, Ihren Gestellungsbefehl sofort zurückzusenden da Sie nach Mitteilung der Reichsbahndirektion Essen unentbehrlich sind.

A.B

~~Oberstfeldmeister~~ Off

▲ *Einberufung*

hielt. Er lehnte alles Militärische ab. Als Sohn eines Eifeler Bauern war er 1914 Soldat beim Infanterie-Regiment 146 Allenstein/Ostpreußen geworden, hatte an bösen Gefechten teilgenommen und wurde verwundet. „Gehe nie zur Infanterie, Junge, da wirst Du verheizt!“, so sagte er immer. Er gehörte zu der Generation, die aus dem ersten Weltkrieg tief verletzt heimgekommen war und die gesagt hat: „Nie wieder Krieg!“

Er hatte das mit der Praktikantenzeit bei der Reichsbahn ganz geschickt eingefädelt, ohne dass ich den wahren Grund ahnte. Als nämlich mein Einberufungsbefehl zur Wehrmacht mit der Post eintraf, wurde ich vom Bahnbetriebswagenwerk Essen Hbf. als unabkömmlich zurückgestellt.

Meine Klassenkameraden traf ich in feldgrauer Uniform und als Offiziers-Anwärter auf der Kettwigerstraße im Stadtzentrum, geschmückt mit dem Eisernen Kreuz 2. Klasse und ich stand als Zivilist beschämt daneben. Noch wusste ich ja nicht, dass ich bei einem Klassentreffen nach 1945 weniger als die Hälfte wiedersehen würde. Das Eiserne Kreuz hatte damals eine Bedeutung und Tradition, die man heute gar nicht mehr verstehen kann. Diese Tapferkeitsauszeichnung war 1813 vom preußischen König anlässlich der Freiheitskämpfe gegen Napoleon gestiftet und 1870, 1914 und 1939 erneuert worden. Für uns junge Männer war das Eiserne Kreuz damals ein Symbol dafür, dass wir uns aus der Vielstaaterei zu einem geeinten Land mit gleicher Sprache und Kultur entwickelt hatten.

Warum durfte ich nicht mithelfen, unser Großdeutschland aufzubauen? Wir Deutschen waren doch im Versailler Vertrag 1919 ungerecht behandelt worden. Ich hatte Ernst Jünger, Erich Edwin Dwinger, Hans Carossa und auch den verbotenen Remarque „Im Westen nichts Neues“ und vieles andere gelesen. Hatte Deutschland 1918 nicht die Waffen niedergelegt, weil der amerikanische Präsident Wilson in einem 14-Punkteprogramm auch den Deutschen das Selbstbestimmungsrecht zugestanden hatte? Und was war geschehen?

Im Versailler Vertrag waren Millionen Deutsche in Eupen-Malmedy, in Elsass-Lothringen, in Südtirol, Oberschlesien, Sudetenland, Danzig, Memelland und sonstwo aus dem Deutschen Reich ausgeschlossen worden. Obwohl eine überwältigende Mehrheit der Österreicher nach dem ersten Weltkrieg in einer Volksabstimmung für eine Vereinigung mit dem Deutschen Reich votierte, wurde dies von den Alliierten verhindert. Mit dem polnischen Korridor war Deutschland schon damals zweigeteilt. War Danzig

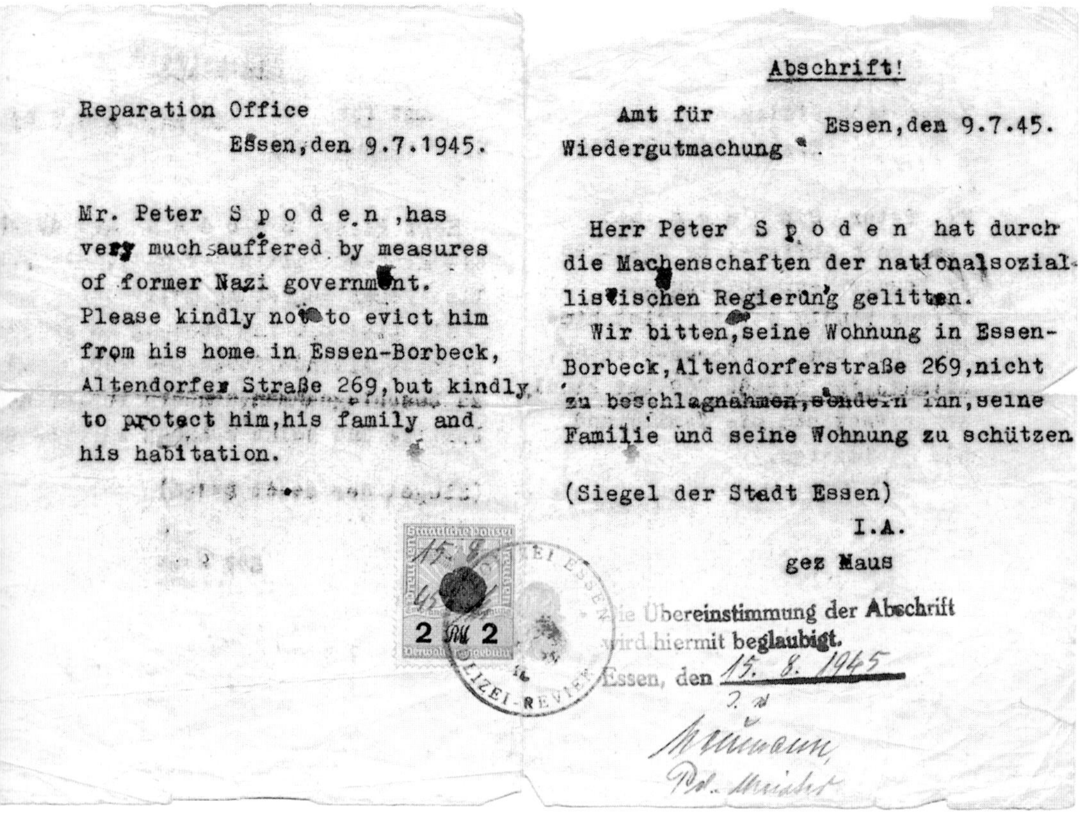

Reparation Office
Essen, den 9.7.1945.

Mr. Peter S p o d e n ,has very much sauffered by measures of former Nazi government. Please kindly not to evict him from his home in Essen-Borbeck, Altendorfer Straße 269, but kindly to protect him, his family and his habitation.

Abschrift!

Amt für Wiedergutmachung
Essen, den 9.7.45.

Herr Peter S p o d e n hat durch die Machenschaften der nationalsozialistischen Regierung gelitten.

Wir bitten, seine Wohnung in Essen-Borbeck, Altendorferstraße 269, nicht zu beschlagnahmen, sondern ihn, seine Familie und seine Wohnung zu schützen.

(Siegel der Stadt Essen)

I.A.

gez Maus

Die Übereinstimmung der Abschrift wird hiermit beglaubigt.

Essen, den 15. 8. 1945

Staatliche Polizei
2 RM 2
Verwaltungsgebühr

Polizei-Revier Essen

▲ *Mein Vater erhält Bescheinigung vom „Reparation Office" 9.7.1945*

nicht eine deutsche Stadt? Hatten wir nicht Recht auf eine Lebenslinie nach Ostpreußen? Warum hatten England und Frankreich uns den Krieg erklärt? Um Polen beizustehen? Warum ließen sie zu, dass Finnland von der Sowjetunion im Winter 1939 überfallen wurde? Finnland verlor damals ein Zehntel seines Landes. Warum ließen sie zu, dass die Sowjetunion sich einen großen Teil Polens 1939 einverleibte, ohne dass von England und Frankreich auch den Russen der Krieg erklärt wurde?

Völlig durcheinander war ich, als auf meine Heimatstadt Essen Mitte 1940 die ersten englischen Bomben fielen. Noch war keine deutsche Bombe auf London gefallen, das geschah erst später als Vergeltungsangriffe auf die Nachtbombardierungen der Royal Air Force auf Berlin. In Essen wohnten meine Familie, meine Verwandten und meine kleineren Geschwister. Ich sah als Zivilist die ersten Bombenkrater und hörte von den ersten Toten und Verbrannten in Essen-Borbeck unter der Zivilbevölkerung. Mein Drang zur Luftwaffe, zu den Nachtjägern zu kommen, wurde immer stärker. Aber wie konnte ich das bei diesem Vater erreichen, dessen Unterschrift ich unter dem Freiwilligenschein benötigte, denn Görings Luftwaffe nahm nur Freiwillige.

Mein Vater hatte im Gegensatz zu mir, die rücksichtslose Machtpolitik Hitlers rechtzeitig erkannt. Ein Schlüsselerlebnis war für ihn, dass sein Bruder Nikolaus in Essen-Frintrop von der SA, den Sturmabteilungen der National Sozialisten vor dem Krieg, drangsaliert und gequält wurde, weil er bei der angeblich geheimen Wahl gegen Hitler gestimmt hatte. Mein Vater selbst weigerte sich als Beamter, obwohl ständig bedrängt, in die NSDAP einzutreten und wurde von allen Beförderungen ausgeschlossen. Seit der Besetzung der Tschechoslowakei im März 1939 war er gegen Hitler und dessen Politik eingestellt.

Ich bekam ein Bewerbungsschreiben für Ingenieur-Offiziere der Luftwaffe in die Hände. Mutter war auf meiner Seite. Sie unterstützte mich bei den langen Diskussionen. „Der Junge muss doch so oder so Soldat werden, da hat er es bei der Luftwaffe besser.“, meinte sie. Ich brachte an, dass ein kostenloses Hochschulstudium bei der Luftwaffe erfolgen würde. Schon das Schulgeld auf der Alfred-Krupp-Oberschule hatte bei uns immer Probleme bereitet. Mein Vater glaubte auch, wie viele Deutsche damals, dass der Krieg bald zu Ende sein würde und es zu einem Verhandlungsfrieden kommen würde. So gab er denn widerstrebend seine Unterschrift und ich wurde am 25.11.1940 zum Flieger-Ausbildungs-Bataillon 16 in Schleswig einberufen.

V

1940/1941 Rekrutenzeit
1. Flieger-Ausbildungs-Batl. 16 Schleswig

Die Rekrutenzeit war eine verdammt harte Zeit. Von jeher war es eine Methode aller schlagkräftigen Armeen gewesen, die zum Wehrdienst eingezogenen achtzehn- und neunzehnjährigen Männer durch harte körperliche Belastung, durch extreme Leibesübungen, wie endlose Liegestützen und Griffekloppen mit Gewehr und stupides Exerzieren womöglich zu willenlosen Tötungsmaschinen zu erziehen.

Wenn ich heute einen Film über die Ausbildung der „US-Marines", also dieser harten amerikanischen Marinesoldaten sehe, werde ich an meine Rekrutenzeit in Schleswig erinnert. Dieselbe Idiotie des sinnlosen Hin- und Herlaufens, des hundertfachen Hinlegens und Aufstehens, diese Erziehung zum Kadavergehorsam, bis der Rekrut wie ein halbtoter Hund atemlos am Boden liegt, angebrüllt von einem sadistischen Ausbilder.

Zugegeben, während meiner Rekrutenzeit waren nicht alle Ausbilder so. Vielleicht glaubten manche tatsächlich, aus uns verweichlichten und verwöhnten Abiturienten harte Männer erziehen zu müssen, getreu dem Spruch: Gelobt sei, was hart macht!
Womöglich ist ein mehrmonatiger Arbeitsdienst für junge Männer eine gute Erziehung – ich sage ausdrücklich Arbeitsdienst und nicht Militärdienst – wenn Arbeit, Sport und Freizeit in einem vernünftigen Verhältnis stehen.

Ich habe damals Tagebuch geführt und finde am 28. und 29.12.1940 folgende Eintragung in Sütterlinschrift:

▲ *Peter Spoden (rechts) 1940*
▼ *Tagebucheintrag vom 28. und 29.12.1940*

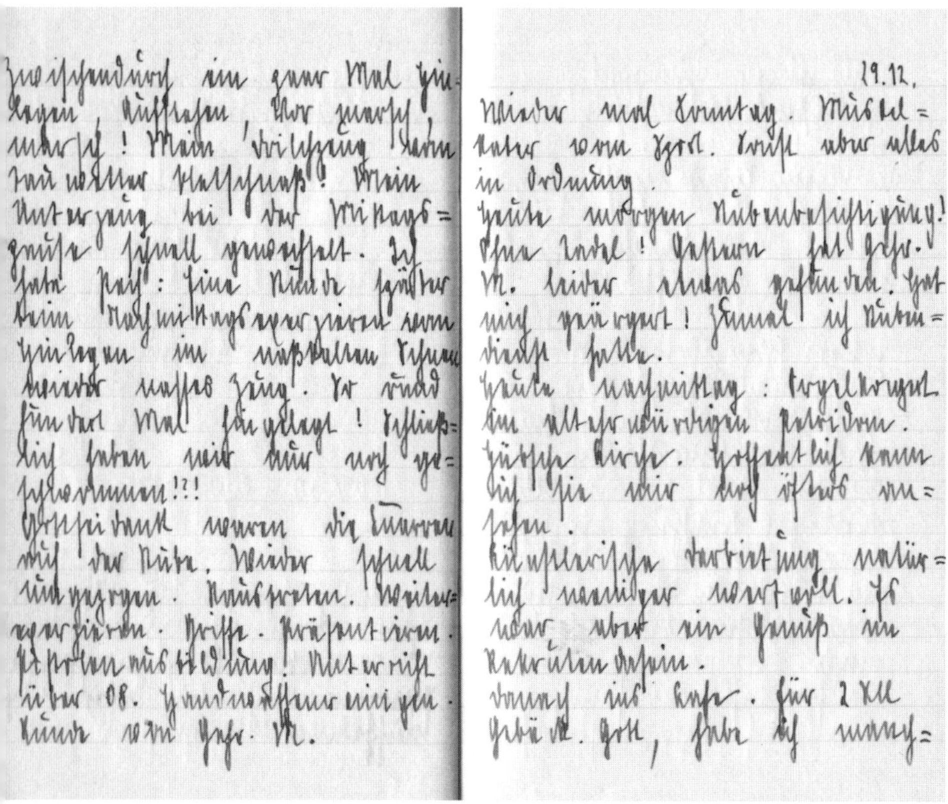

„Ziemlich scharfer Tag. Morgens Sport. Davon schon ziemlich müde. Es folgte Exerzieren, Exerziermarsch. Bin aber nicht aufgefallen! Anschließend Griffe. Zwischendurch ein paar Mal Hinlegen, Aufstehen, vor marsch, marsch! Mein Drillichzeug vom Tauwetter kletschnass! Mein Unterzeug bei der Mittagspause schnell gewechselt. Ich habe Pech: Eine Stunde später beim Nachmittagsexerzieren vom Hinlegen im nasskalten Schnee wieder nasses Zeug. So rund hundert Mal hingelegt! Schließlich haben wir nur noch geschwommen!?!
Gott sei Dank waren die Knarren (Gewehre) auf der Stube. Wieder schnell umgezogen.
Raustreten. Weiterexerzieren. Griffe. Präsentieren. Pistolenausbildung! Unterricht über 08. Handwaffenreinigen. Runde von Gefreiten M.“

So ging das jeden Tag, außer sonntags. Wir kamen kaum zur Besinnung, bald hatte ich blutige Blasen an den Füßen und wunde Arme. Es gab ja nur Fußlappen und keine Strümpfe in den Kommiss-Stiefeln.

Am 7.1.1941 schrieb ich:

„Die netten Aussichten begannen schon gestern Abend mit einer scharfen Runde von Gefr. J. (Schleswig war ein Seefliegerhorst, der Ausdruck Runde kommt von der Marine und heißt soviel wie Rundgang, Kontrolle, Besichtigung). Zunächst gefiel ihm kein Bett. Also: sämtliche Strohsäcke (unsere Matratzen) auf den Flur. Auf den Buckel nehmen und trab, trab! Zurück auf die Stuben! Was! Die Stube ist noch nicht sauber ausgekehrt? Unter die Betten! Auf die Betten! In zwei Minuten alles in den Betten! Marsch, marsch.
Was, das sollen Päckchen sein? Bums, flattern die Sachen durch die Gegend!?!
Zeigen Sie mal Ihre Erkennungmarke! (Wir standen ja im Nachthemd vor dem Ausbildungsgefreiten) Ach nee!? Ich hatte sie um, Erich nicht!
Also: In zwei Minuten stehen Sie im Dienstanzug und melden sich bei mir!?!
Kurze Pause.
Zeigen Sie mal Ihre Füße!? Ach nee?! Schämen Sie sich nicht! So ging das in einem fort. Es war schon ziemlich spät, als wir endlich einschliefen!
Heute Morgen den angekündigten Dunst!!! Auf dem großen Kasernenplatz! Mit Gepäck und Knarre Trab Trab mit Hinlegen und sonstigen Scherzen wie Achtungs-Marsch und so –“

Für den 8.1.1941 notierte ich:

„Heute Morgen strammes Exerzieren. Form der geöffneten Bewegung mit Gasmasken!!! Bis zur Grenze der Leistungsfähigkeit –

◀ *Peter Spoden*
▼ *Tagebucheintrag vom 7.1.1941*

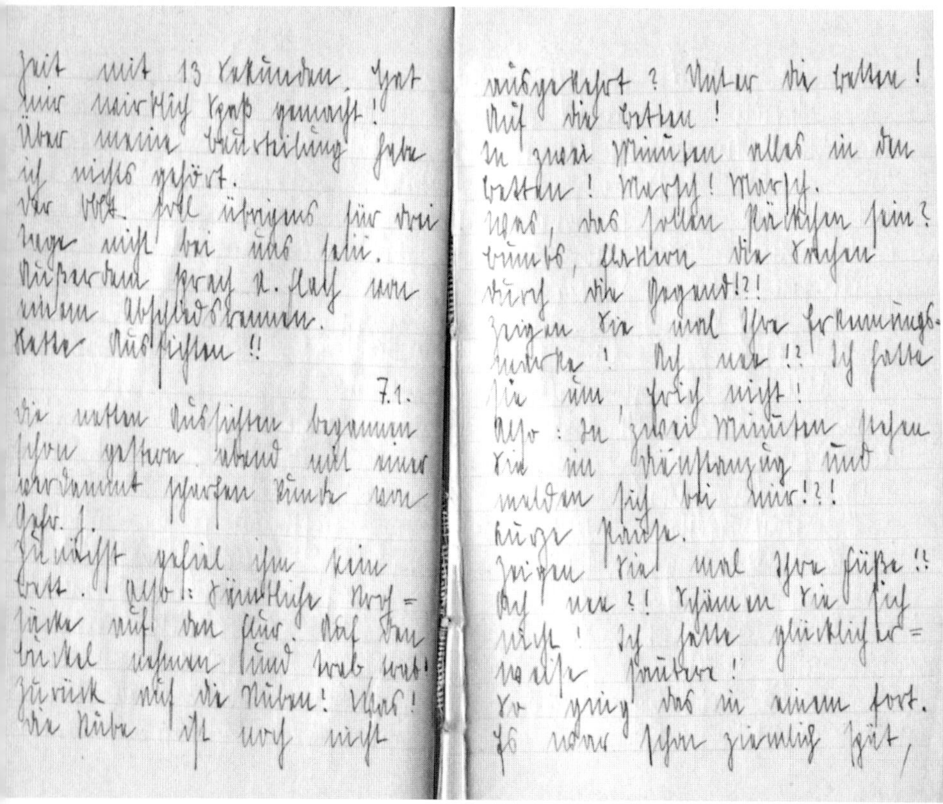

Nachher erscheint natürlich alles nicht mehr so schlimm.
Gestern Abend war zu später Stunde Befehlsausgabe: ein Obergefreiter hatte sich erhängt, angeblich, weil er eine Urlaubskarte entwendet haben soll!"

Wenn ich heute durch mein Tagebuch von 1940/1941 blättere, meine ich, ich befände mich in einer anderen Welt. Was war damals eigentlich los mit mir? Warum habe ich diesen Unsinn über mich ergehen lassen und mitgemacht? Ich hatte mich freiwillig zur Luftwaffe gemeldet, war auf den Führer vereidigt worden in einer großen Schau mit Flaggenparade und Militärmusik. Ich steckte in der Maschinerie drin und konnte nicht mehr heraus.

Wo war meine unbeschwerte Pennälerzeit geblieben? Wo das Lachen über die Scherze in der Klasse, wo die harmlose Flirterei in der Tanzschule Thielemann mit den Schülerinnen des Mädchengymnasiums BMV in Essen? Wo mein Cello spielen im Schulorchster unter Leitung des jungen Studienrats Kaufmann, den ich so sehr schätzte, weil er uns Händel und Mozart und die anderen Klassiker auf eine kluge Art nahe brachte, wovon ich noch heute profitiere. Kaufmann, Vater von zwei kleinen Kindern, blieb später als Soldat beim Kampf gegen die Sowjetunion vermisst, dieser feine, musikalische Mann irgendwo verreckt und verscharrt in diesem großen Russland.

Musik und Literatur, meine geliebte Flugphysik und Aerodynamik waren weit weg. Meine Welt hatte sich verändert. Wäre ich jetzt nach der Ausbildungszeit als Infanterist in den Osten gekommen, so hätte ich wie meine Klassenkameraden bald einen grausamen Tod für ein verbrecherisches System sterben müssen. Ich wäre gestorben wie die meisten von ihnen, ohne je in den Armen einer Frau gelegen zu haben. Als alter Mann heute scheue ich mich nicht zu sagen, dass meine Augen feucht werden, wenn ich an diese Millionen junger Menschen auf beiden Seiten dieses Krieges denke, die nicht mehr das Glück des Altwerdens in einer Familie erleben konnten. Für die nächsten fünf Jahre war ich in einer anderen, grausamen und brutalen Welt!

An einem Sonntagnachmittag besuchte ich in Schleswig ein Orgelkonzert in dem altehrwürdigen Petridom und empfand es als besonderen Genuss in meinem Rekrutendasein – so das Tagebuch. Während meiner Nachtjägertätigkeit in Dänemark, Frankreich, Ungarn und Bayern bin ich später immer wieder in Kirchen gegangen, ganz gleich, ob es evangelische oder katholische waren. Dort habe ich immer Ruhe und Besinnung gefunden, die es im Soldatenleben nicht gab. Vielleicht hängt das mit meiner religiösen Erziehung im Elternhaus

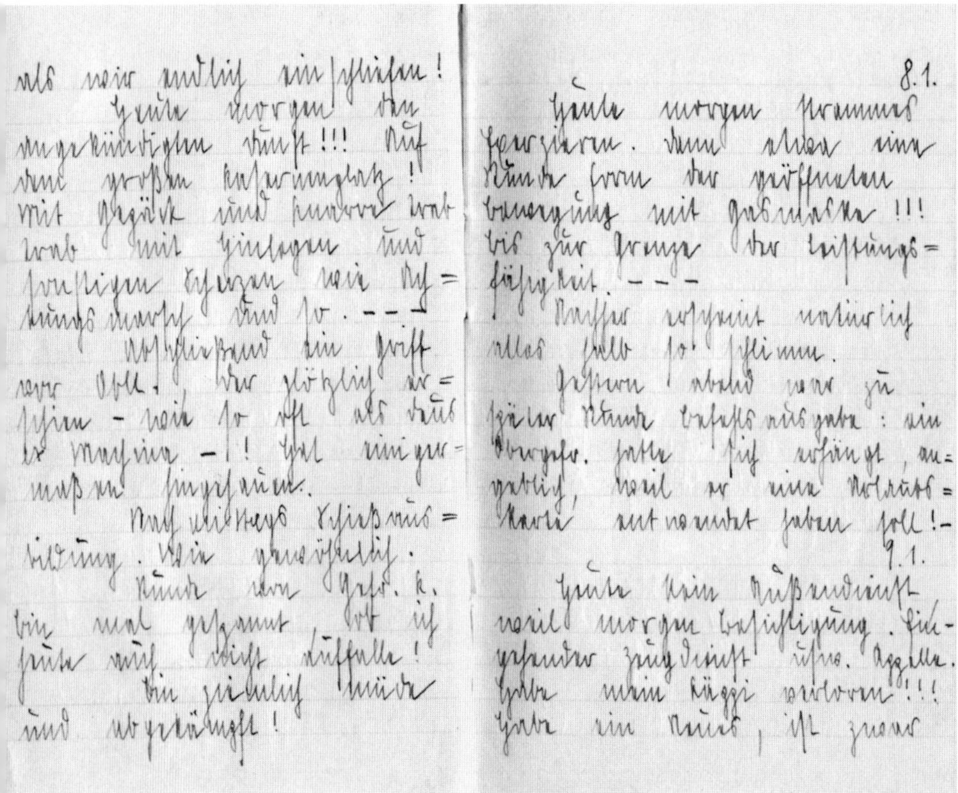

▲ *Tagebucheintrag vom 8.1.1941*

zusammen. Es gab ein Menge gläubiger Offiziere in der Luftwaffe und sicher auch in den anderen Waffengattungen. Die von uns bewunderten, hochdekorierten Offiziere Oberst Mölders und der Nachtjäger Oberst Lent, ein Pfarrerssohn, besuchten die Messen und Kirchen in Uniform und viele Offiziere ließen sich mit Säbel und Hakenkreuz an der Brust kirchlich trauen. Es war dies einer der vielen Widersprüche und Ungereimtheiten in dem damaligen System.

Am 19.1.1941 schrieb ich ins Tagebuch:

„Manchmal frage ich mich, ob der Offiziersberuf wirklich das Beste für mich ist! Gelinde Zweifel (?) tauchen auf! Immerhin will ich erst mal meine Rekrutenzeit hinter mir haben und in bessere Verhältnisse kommen. Erst dann kann ich mir ja ein besseres Bild machen. Nur nicht übereilt wichtige Entscheidungen treffen!“

Am 27.1.41:

„Blauer Montag. Schöner Dunst!! Mein Bett schon besser. Aber nicht geprüft. Die Schleiferei war blöde und ohne Sinn. Hängt mir zum Halse heraus. Furchtbar stumpfsinnig alles!!!!“

Am 28.1.41:

„Eine Saukälte! Anzugsmusterung, Grundstellung! Ich glaube, meine rechte Zeigefingerspitze hat Frost! Gestern Nachmittag schwer getrabt. Warum, weshalb? Der Sinn ist mir nicht klar!
Heute Morgen genau dasselbe. Hoffentlich komme ich möglichst bald weg!! Einziger Wunsch. Wohin ist gleich. Wäschetausch. Heute Nachmittag wieder Dunst!“

Am 30.1.41:

„Heute Falkenberg! Eine Saukälte. Finger und Füße beinahe erfroren. Fingerspitzen haben bestimmt etwas mitbekommen. Im Schnee liegen saumäßig!!!! Überhaupt keine Lust mehr. Wann werde ich endlich versetzt? Gestern musste ich wieder mal meinen bedingungslosen Einsatz für die Wehrmacht erklären (also nicht nur für die Fliegertruppe). Naja, wir werden sehen. Gleich Arbeitsstunde. Dann Exerzieren.“

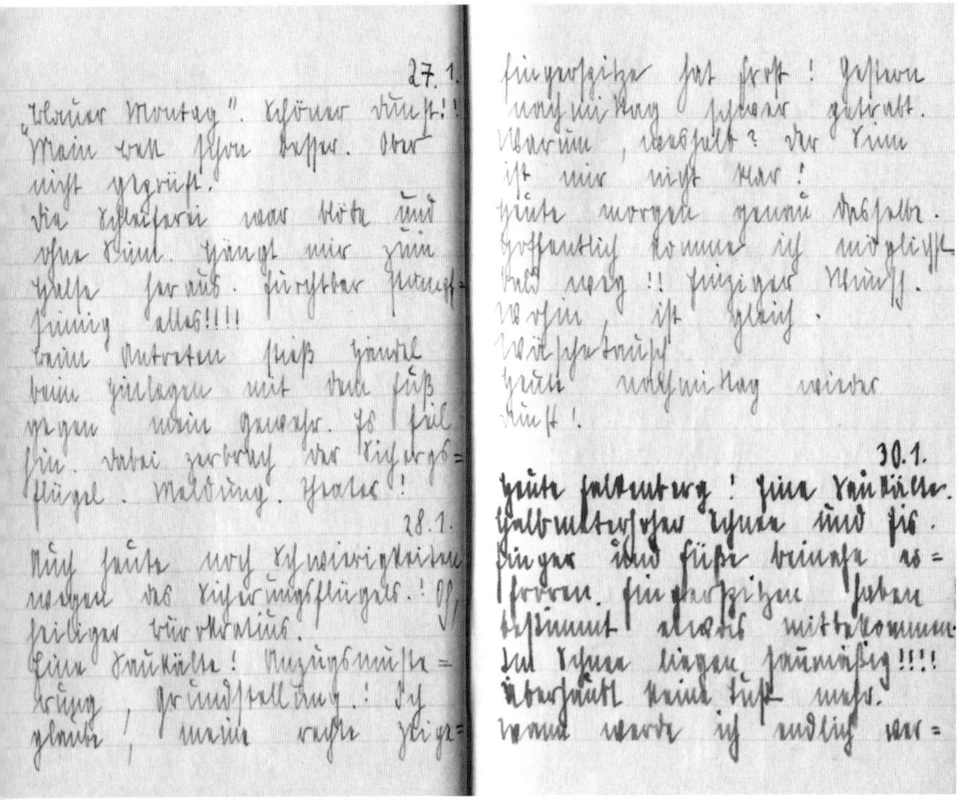

▲ *Tagebucheintrag vom 27., 28. und 30.1.1941*

Seit dieser Falkenbergschleiferei habe ich – nun schon über sechzig Jahre – Durchblutungsstörungen in den Fingerspitzen, sobald es kalt wird. Das ist aber eine Lächerlichkeit, gemessen an dem, was deutsche Infanteristen im nächsten Winter in Russland erleiden mussten. Wie hatte mein Vater gesagt: „Junge, gehe nicht zur Infanterie, da wirste verheizt." Vor Moskau wurden im ersten Winter am laufenden Band erfrorene Finger und Zehen und noch mehr amputiert. Für diese Heldentat gab es an der Ostfront sogar einen blutroten Orden, den die Landser sinnigerweise „Gefrierfleischorden" nannten!

Eine politische Beeinflussung im national-sozialistischen Sinne oder politischer Unterricht durch unsere Ausbilder, fanden während der Rekrutenzeit nicht statt. Auch die Ausbildungsoffiziere hielten sich mit politischen Bemerkungen zurück und legten auch äußerlich Wert auf Abstand zu den braunen Uniformträgern, die sich mit ähnlichen Schulterklappen, Riemen und Dolchen geschmückt hatten.

Mitte Februar 1941 wurden wir Rekruten zu einem Vortrag befohlen, den ein braun uniformierter Parteiredner hielt.

Ich fand darüber eine Notiz im Tagebuch, die mich heute mit einer gewissen Befriedigung erfüllt:

Am 16.2.1941:

„Gestern Nachmittag Vortrag im Schleswiger Kapitol! Hat mir nicht besonders gefallen. Zu großmäulig. Hoffte mehr wirkliche Tatsachen. Zu schleierhaft. Wir sind doch schließlich nicht das „auserlesene Volk!" Überhaupt die Übertreibung des Rassegedankens!
Gott sei Dank war früh Dienstausscheiden!"

Wir Soldaten, auch beim Heer und der Marine, nannten die Kreis- und Gauleiter und braun uniformierten Parteiobmänner „Goldfasane". Wir mochten sie auch deshalb nicht, weil sie sich zu Hause und in der Etappe mit großen Sprüchen breit machten, während wir draußen an der Front oder im Einsatz um unser Leben bangen mussten.

Die Rekrutenzeit, die mindestens drei Monate und oft länger dauerte, war für Millionen junge deutsche Männer kein Honigschlecken. Und wenn wir heute ehrlich sind, so war diese Zeit nichts anderes als eine Vorbereitung auf einen

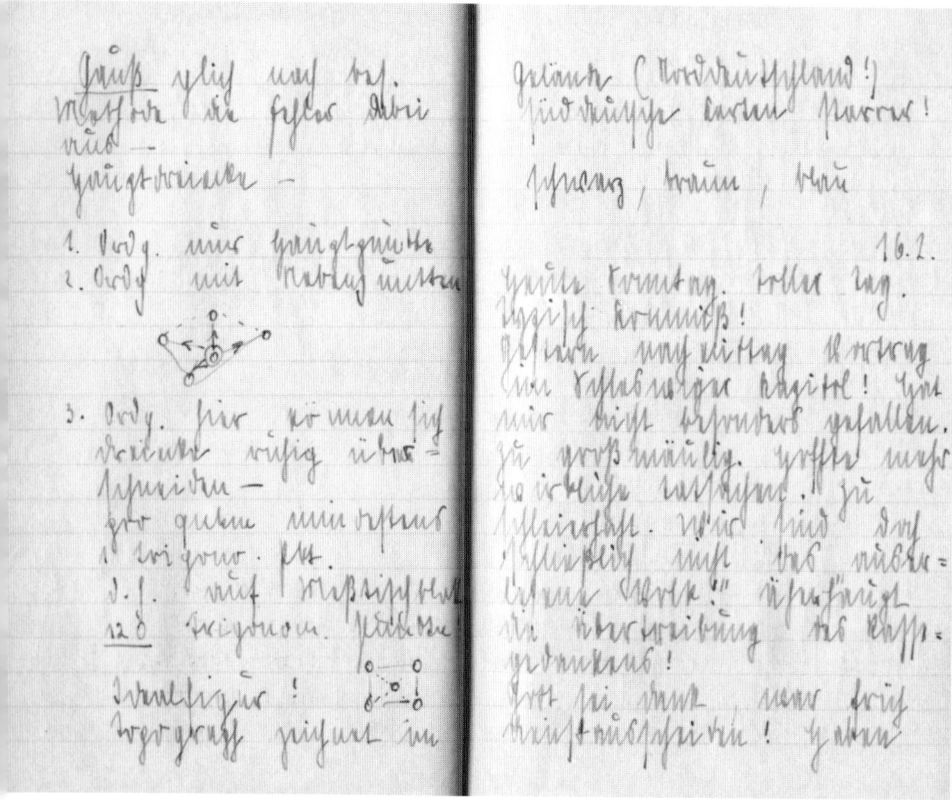

▲ *Tagebucheintrag vom 16.2.1941*

◀ *Gewehre und Drillich verschmutzt*

bedingungslosen Kampfeinsatz. Der eigene Wille wurde gebrochen, das eigenständige Denken abgeschafft, es gab nur den restlosen Gehorsam gegenüber den Vorgesetzten.

Bei vielen setzten das Denken und eine verborgene Kritik nicht völlig aus. Aber da war es schon zu spät, da steckten wir schon viel zu tief drin in dem Getriebe, hetzten von einem Kriegsschauplatz zum anderen und wollten mit unseren Familien überleben. Die anfänglich schnellen Feldzüge entwickelten sich in den letzten Kriegsjahren zu einem fürchterlichen Gemetzel auf beiden Seiten.

Wir lernten als Achtzehnjährige dieses „Vorwärts, Sprung auf, marsch, marsch!", wie es unsere Väter im ersten Weltkrieg gelernt hatten. Und wie unsere Väter kamen wir aus dem Krieg und sagten: „Nie wieder."

Man hat uns alten Soldaten nach dem Krieg vorgeworfen, wir seien mörderische Täter und willfähige Vollstrecker der verbrecherischen Führung gewesen, wir hätten uns nicht gewehrt und alles verdrängt und zu allem geschwiegen. Mein Gott, was haben wir uns nicht alles anhören müssen von unsere Kindern, von den Politikern auf Versammlungen und Ausstellungen. Es hat oft verdammt weh getan. Vielleicht tragen meine nachfolgenden Aufzeichnungen dazu bei, das Bild vieler Soldaten zurechtzurücken.

VI

1941 Luftkriegsschule LKS 4, Fürstenfeldbruck, Oberbayern

Am 1.3.1941 wurde ich von Schleswig zur Luftkriegsschule nach FF-Bruck bei München versetzt. Aus dieser Schule war schon der in Afrika bekannte Jagdflieger Marseille („Stern von Afrika“) hervorgegangen. Man erlaubte mir einen Tag Aufenthalt bei meinen Eltern in Essen. Ich schrieb damals ins Tagebuch: „Wahnsinnige Freude! Herrlich zu Hause!“ Mutter bereitete mir wie immer Bratkartoffeln mit Spiegelei, obwohl viele Lebensmittel schon rationiert waren. Nachts heulten die Sirenen, so etwas kannte ich gar nicht, aber außer wildem Schießen der Flugabwehrgeschütze geschah in dieser Nacht nichts.

Großen Ärger gab es, als Mutter in meinem Waffenrock, den sie reinigen wollte, ein Kondom-Päckchen fand. „Was ist das für eine Schweinerei,“ rief mein Vater erbost. Wahrheitsgemäß antwortete ich: „Ich muss das an der Wache auf Verlangen vorzeigen, sonst gibt's keinen Ausgang oder Urlaub.“ Man wollte auf diese Weise die Zahl der Geschlechtskrankheiten in der Wehrmacht verringern. Ich selbst hatte damals noch keine Erfahrung und großen Respekt vor dem Ding. Vater glaubte mir nicht und es gab einen Knacks zwischen uns.

Der Fliegerhorst Fürstenfeldbruck war in jenen Tagen einer der vielen, manchmal monumentalen Horste und Flugplätze, die der Reichsminister für Luftfahrt, Hermann Göring, überall im Reichsgebiet bauen ließ. „Das deutsche Volk muss ein Volk von Fliegern werden“, proklamierte er lauthals. Ein anderes geflügeltes Wort von ihm war: „Ich will Maier heißen, wenn eine Bombe auf Deutschland fällt.“ Bei seinen wenigen Besichtigungen der Trümmerstädte wurde er daraufhin von einem Teil der Bevölkerung mit „Heil Maier!“ begrüßt.

▲ *(von links) Ofw. Seiderer und Oblt. Müller*
▼ *Aufsicht H der LKS 4 Flugdienst 1941*

Der Horst Fürstenfeldbruck beeindruckte mich sehr. Flugplatz Tempelhof in Berlin, erbaut von Speer, gibt ja heute noch einen Eindruck von dieser Monumentalbauweise wieder, die offenbar allen „Großen Männern der Geschichte" eigen ist. Alles war geräumiger und größer als in Schleswig, es gab Offizierskasinos, einen Rittersaal, Hörsäle, Bibliothek, überdachtes Schwimmbad und großzügige Sportanlagen. Der Umgangston war gepflegter, wir waren jetzt Fahnenjunker und trugen eine kleine silberne Litze an den Schulterklappen. Die harte Zeit der „Schleiferei" war vorüber. Sicher, es wurde noch exerziert, Griffe gekloppt und Ehrenbezeigungen geübt, aber die Feldwebel und die Aufsichtsoffiziere hatten mehr Format als diese Schreier in Schleswig. Unser Aufsichtsoffizier, ein Oberleutnant Müller, war bei uns beliebt und wurde von uns als Vorbild angesehen. Er war Familienvater, von ruhiger und vornehmer Haltung, erschien stets in tadelloser Uniform und er trug das Eiserne Kreuz Erster Klasse, welches er wenige Monate vorher bei der Luftschlacht um England erworben hatte. Seine Blicke genügten, um uns Fähnriche zu Höchstleistungen beim Sport oder beim Flugdienst anzuspornen.

Das tägliche Leben auf der A/B Schule der LKS 4 spielte sich ab wie auf vielen anderen Flugzeugführerschulen der Göringschen Luftwaffe. Flugdienst, Navigation, Meteorologie, Technik-Unterricht, Morsen und Funken wechselten ab (besonders an Schlechtwettertagen) mit Exerzieren und Geländedienst. Daneben gab es, würdig einer Offiziersschule, Taktik-Unterricht und Verhalten des Offiziers privat und in der Öffentlichkeit. Es fanden einige Herrenabende statt, die der Verbesserung der Manieren bei Tisch und des geselligen Zusammenseins dienten. Mir missfiel das ständige Zuprosten und Extrinken. Ich war überhaupt keinen Alkohol gewohnt. Das sollte sich bald ändern. Ich lernte maßloses Rauchen und kräftiges Trinken und manche andere Unsitte, die das Soldatenleben mit der primitiven Kumpanei: „Stell` Dich doch nicht so an!", so mit sich bringt.

Auch hier erinnere ich mich nicht an politischen Unterricht, politische Diskussionen oder Vertiefung des Rassengedankens und finde nichts darüber in dem Tagebuch. Unser Thema war die Fliegerei. Ebenso finde ich keine Notizen über den im Sommer 1941 erfolgten Angriff auf die Sowjetunion. In der Erinnerung habe ich lediglich noch die gewaltigen, mit Lisztscher Musik untermalten Sondermeldungen über den siegreichen Vormarsch deutscher Truppen nach Russland hinein, die wöchentlichen Wunschkonzerte im Großdeutschen Rundfunk, die tollen UFA-Filme und natürlich das „Lili-Marleen-Lied" des deutschen Soldatensenders Belgrad. Um diese Zeit glaubte ich wie

◀ *50 Jahre später mit Enkelkindern*

die meisten Deutschen an einen Sieg in diesem Krieg und den Aufbau Europas unter deutscher Führung.

Der Flugdienst war unsere beliebteste Beschäftigung. Wir schulten auf der FW 44, einem zweisitzigen Doppeldecker mit 7 Zylinder Sternmotor, der zu Tausenden von Focke-Wulf in Bremen für die Flugzeugführerschulung gebaut wurde. Die FW 44 (Stieglitz) wurde auch in der zivilen Luftfahrt von Sportfliegern benutzt. Heinz Rühmann hat in dem UFA-Film „Quax der Bruchpilot" diesem Flugzeug ein schönes Denkmal gesetzt. Heute gibt es in Deutschland nur noch zwei Modelle dieses Typs. Das Fliegen in diesem offenen Flugzeug an einem sonnigen Tag mit Lederhaube und Brille ist ein unbeschreibliches Vergnügen ganz besonderer Art, wie Motorrad fahren in drei Dimensionen. Es kann zur Sucht werden.

Wir jungen Fähnriche waren, wie viele andere junge Flugschüler in Deutschland, der Fliegerei völlig verfallen. Ich schrieb ins Tagebuch: „Ich glaube, ohne Fliegerei könnte ich nicht mehr leben!" Dazu beigetragen hat natürlich mein Fluglehrer Leo Fleischmann. Er war eine ruhige, ausgeglichene Persönlichkeit, die besser in die Fliegerkombination passte als in die Feldwebeluniform. Er brachte mir das richtige fliegerische Gefühl bei. Das mit dem fliegerischen Gefühl ist so eine Sache. Der eine hat es sofort, der andere lernt es nie! Man muss ein Gespür unter der Sitzfläche entwickeln, wie sich das Flugzeug in der Luft bei Wind und Böeneinfall verhält und wie man mit den Rudern darauf gefühlvoll oder auch heftig reagiert. Die Luft ist ja immer in Bewegung, man sieht es nur nicht! Und wenn so ein mehr oder weniger kräftiger Windstoß bei der Landung unter eine Fläche gerät, wieviel Querruder gibt man da, um das Flugzeug wieder gerade zu stellen? Oder wenn man schon fast am Boden ist und das Flugzeug wegen Thermik und Aufwinden plötzlich wieder wegsteigen will, wieviel Höhenruder ist notwendig? Diese Regeln gelten für viermotorige Jets wie für Segelflugzeuge, sind überall nach Typ unterschiedlich und müssen erflogen werden. Deshalb diese oft langen Umschulungen.

Ach, das mit dem richtigen fliegerischen Gefühl ist gar nicht so einfach und ich habe viele Landungen in FF-Bruck vermurkst. Leo war immer geduldig und einmal, ganz plötzlich, stieg er aus, heftete mir ein rotes Fähnchen an die Flugzeugstreben, damit die anderen Flieger gewarnt waren und schickte mich alleine los.

◀ *Leo Fleischmann*
▼ *Alleinflug mit Arado 66*

Am 5.4.1941 schrieb ich über den ersten Alleinflug:
„Ab! Keine Spur aufgeregt, wie selbstverständlich. Außer der Landung, die etwas hart war, klappte alles. Es folgten vier Alleinstarts. Haute mehr oder weniger hin.“

Nicht immer entwickelte sich alles zum Besten. In Bad Wörishofen, unserem Außenlandeplatz in Bayern, landete ich 50 Meter vor dem Landekreuz, einem Tuch, welches die Segelflieger heute noch zur Markierung des Aufsetzpunktes benutzen. Das Vorheraufsetzen ist eine unverzeihliche Sünde für jeden Piloten. Ich hätte ja nur etwas Gas zu geben brauchen, dann wäre ich neben dem Landekreuz gelandet, wie es sich gehört. Die Strafe erfolgte sofort. „Aussteigen!“, rief Oberfeldwebel Seiderer, ein waschechter Bayer „eine Platzrunde laufen mit Fallschirm!“– Es war verdammt unangenehm jetzt Dauerlauf in Kombination und dem Sitzfallschirm im Rücken, der ständig gegen die Kniekehlen schlug zu machen. Wehe, man verlangsamte den Kilometerlauf auf Schritt-Tempo. Ofw. Seiderer, der weiterhin Platzrunden oben flog, beobachtete mich ganz genau und stürzte mit dem Stieglitz wie ein Habicht vom Himmel, um mich wieder auf Trab zu bringen.

Nach insgesamt 60 Platzrunden mit Lehrer war ich freigeflogen. Das war so ziemlich das Limit, viele Flugschüler waren besser als ich. Wer mehr Schulflüge benötigte oder es garnicht schaffte, lief Gefahr fliegerisch abgelöst zu werden, wie es auch einigen von uns geschah. Dann hieß es: ab zu den Fallschirmjägern oder zur Infanterie an die Ostfront.

In Oberwiesenfeld, einem anderen Ausweichflughafen bei München, übten wir jetzt Ziellandungen mit „stehender Latte“, das heißt mit abgestelltem Motor. Da wurde in 500 Meter Höhe über Platzmitte die Zündung herausgenommen und im Gleitflug neben dem Landekreuz gelandet. Vier Versuche, davon mussten drei positiv sein, sonst gab es den A2- Schein nicht.

Es wurde recht bald auf andere Typen umgeschult, wie FW 56, Heinkel 46, Klemm 25 und Klemm 35, einmotorige Flugzeuge, mit denen Elly Beinhorn in den dreißiger Jahren als erste Pilotin nach Afrika und um die Welt geflogen war und großes Aufsehen erregt hat. Wir lernten die Bücker-Flugzeuge kennen, die Bü 181 und den sagenhaften Bücker-Jungmeister, eine Kunstflugmaschine von außerordentlicher Qualität. Soviel ich weiß, gibt es davon nur noch ein Exemplar bei einem Liebhaber in der Schweiz. In Essen-Mülheim habe ich 1936 als fünfzehnjähriger Pennäler am Drahtzaun des Flughafens gestanden,

▲ *Focke Wulf 56 Schulflugzeug*
▼ *Heinkel 70*

mir die Nase plattgedrückt und den Heinkel-Blitz He 70 der Lufthansa von Berlin kommend bewundert: ein schnittiges, irre schnelles Flugzeug mit 370 km/h. Das durfte ich jetzt fliegen, in München, fünf Jahre später. Ich dachte an nichts anderes mehr als ans Fliegen. So gingen Jungenträume in Erfüllung!

Am 2. Juni 1941 schrieb ich lapidar ins Tagebuch:
„Gestern eine verrückte, wenn auch glatte Notlandung wegen Spritmangel."

Es handelte sich um einen Überlandflug mit der Arado 66 (einem schweren Doppeldecker) von FF-Bruck nach Tulln bei Wien und zurück. Viel fliegerische Erfahrung hatte ich noch nicht. Hin ging es gut, aber zurück setzte wegen einer plötzlich eingefallenen Kaltfront starker Gegenwind ein, woran ich überhaupt nicht gedacht hatte. Kurz vor FF-Bruck stotterte der Motor, ich schaltete auf Reserve, aber der Dreiwegehahn war offenbar verstopft, die Latte blieb stehen! Gut, dass wir vorher mit Leo viele Notlandeübungen geübt hatten. Ich fand eine Wiese nördlich Pasing bei München, der Bodenwind war so stark, dass die Landestrecke kaum mehr als 100 Meter betrug. Ofw. Seiderer flog die Ar 66 zurück, ohne dass er mir Vorwürfe machte. Dieser Notlandung sollten später noch viele und weniger harmlose folgen.

Einige Wochen später stürzten zwei Fähnriche unserer Aufsicht H mit der zweimotorigen Focke-Wulf 58 tödlich ab. Das Tagebuch sagt kurz und ohne Emotionen: „Staadt und Schweikert abgestürzt. War auf der Beisetzung von Schweikert." Das Flugzeug war bei einem Überlandflug in Nebel geraten und hatte Bodenberührung erhalten. Ein Unfall, wie er tausendfach im vergangenen Jahrhundert geschehen ist und leider auch in Zukunft wieder geschehen wird. Zunächst fliegt der Pilot nach Sicht, die Sicht wird wegen einer Schlechtwetterfront immer schlechter, er fliegt immer tiefer, anstatt umzukehren oder auf Sicherheitshöhe zu steigen und blind nach Instrumenten weiterzufliegen, wozu allerdings besondere Kenntnisse erforderlich sind. Dann knallt es plötzlich wegen Berührung mit Bäumen oder auf einmal auftauchendem Berg. Zum Ausweichen zu spät! Aufschlagbrand, meistens tödlich.

Wir übten jetzt Blindflug, auch auf Junkersflugzeugen W 33 und W 34, ähnlich der einmotorigen „Bremen" mit der Hünefeld, Köhl und Fitzmaurice 1928 erstmalig den Atlantik von Ost nach West überquert hatten. Wir fühlten uns in der Tradition dieser Pioniere – der Krieg war weit weg. Trotzdem kam Ende 1941 auf der Kriegsschule die Frage an uns: Zu welcher Waffengattung wollen Sie? Tagjäger, Nachtjäger, Kampfflieger oder Fernaufklärer?

▲ *1941 unsere Fluggruppe mit Bücker-Doppeldecker*
▼ *Heinkel 46 Schulflugzeug*

Vom technischen Studium für Ingenieuroffiziere sprach niemand mehr. Das gibt es, so belehrte man uns, nach dem gewonnenen Krieg. Jetzt erst mal Fronterfahrung sammeln. Meine Option war klar: wenn schon, dann wollte ich Nachtjäger werden. Meine freiwillige Meldung dazu wurde berücksichtigt. Es ging ab zur C-Schule und Blindflugschule, da Nachtjagdmaschinen schwerer als die Tagjäger waren und besondere Blindflugqualifikation erforderten.

VII

1942 C-Schule 17 Pütnitz in Pommern, Blindflugschule Kopenhagen

Den Weg über C-Schule (C stand damals für schwere zwei- und viermotorige Flugzeuge) und Blindflugschule sind außer mir im Krieg tausende von jungen deutschen Piloten gegangen, bevor sie als Kampfflieger, Fernaufklärer oder Nachtjäger an der Front eingesetzt wurden. Wer sich von der A/B-Schule gleich zu den Tagjägern, also zur einsitzigen Messerschmitt 109 meldete, konnte sich nach wenigen Wochen Ausbildung bei der Einsatzgruppe in Feindeinsätzen mit Amerikanern, Briten oder Russen im Luftkampf messen. In den letzten Kriegsmonaten reichten 10 bis 20 Flugstunden auf der Messerschmitt 109 für einen gerade 20 jährigen, jungen deutschen Piloten aus, um von den zahlreichen amerikanischen Mustangs und Thunderbolts meist tödlich abgeschossen zu werden.

Die längste Ausbildung im Nacht- und Blindflug und an Funkmessgeräten (Radar) erhielten die Nachtjäger. In vielen Fällen betrug die Trainingszeit bis zum ausgebildeten Nachtjäger 30 Monate, eine immense Investition an Zeit und Geld, wobei die jungen Piloten nur zu oft nach den ersten Nachteinsätzen nicht mehr zurückkehrten.

Auf der C-Schule in Pütnitz, Vorpommern, wurde 1942 auf Junkers 86, Dornier 17 und Heinkel 111 geschult, alles ausrangierte Zweimotorige von den ersten Kriegsschauplätzen, die heute nur noch vereinzelt in Museen zu finden sind. Die Daimler-Benz und BMW-Motoren erreichten selten die versprochene 1000 PS-Leistung beim Start. Der Start mit einem beladenen Flugzeug dieser Art war kritisch; bei Motorausfall nach dem Start war ein weiteres Steigen kaum möglich.

▲▼ *Die „alte Tante Ju 52", das Schulflugzeug der C-Schulen*

Beim Landeanflug mit einem Motor und ausgefahrenem Fahrwerk musste die Landung gelingen. Ein Durchstarten mit einem Motor und ausgefahrenen Klappen und Fahrwerk war unmöglich und führte bei vielen Piloten, die es trotzdem versuchten, zum „Abschmieren" und tödlichen Bruch, meist direkt über dem Platz. Der damals bekannteste Nachtjäger Oberst Lent (110 Abschüsse) ist bei einem Einmotoren-Anflug abgestürzt.

Merkwürdigerweise gab es in der Göringschen Luftwaffe keine Prüflisten (Checklisten) bei Start und Landung. Das zeigten die Alliierten den „Ordnung liebenden Deutschen" erst nach dem Krieg. Heute sind selbst in Segelflugzeugen Start- und Landelisten fest am Instrumentenbrett angebracht. Die Handgriffe beim Start allein aus dem Gedächtnis führen nur zu oft zu Fehlern. Ein Luftwaffengeneral vergaß 1935, die Freigängigkeit der Ruder vor dem Start zu prüfen und lag mit der He 70, dem „Heinkel-Blitz", nach dem Abheben tot unten, weil die Querruderverriegelung noch angebracht war. Es gibt auch heute noch keine genauen Zahlen über die Verluste der Luftwaffe im letzten Weltkrieg, aber es kann mit Sicherheit angenommen werden, dass Verluste durch Pilotenfehler, technische Mängel und Schlechtwetter weitaus höher waren als durch Feindeinwirkung.

Ein fliegerischer Genuss für uns Flugschüler war auf der C-Schule das Fliegen der „alten Tante Ju 52", wovon heute nur noch in der Schweiz und in Deutschland einige Exemplare bei Schönwetter bewegt werden. Diese, von Prof. Junkers in den zwanziger Jahren als erstes dreimotoriges Metallflugzeug entworfene Verkehrsmaschine, war das Standardflugzeug auf den C- und Blindflugschulen, wurde aber auch zum Abspringen der Fallschirmjäger auf Kreta und zur Versorgung der Eingeschlossenen in Stalingrad benutzt.

Mit der Ju 52 konnten wir saubere Durchstoßverfahren und Blindlandungen durchführen. Uns deutschen Fliegern sagte auch zu, dass wir auf den kreisrunden Wiesenflugplätzen ohne Hindernisse, von der alten Lufthansa schon in den zwanziger Jahren so angelegt, stets gegen den Wind landen konnten. Bei Gegenwindlandungen – alle Vögel landen so – wurde auch bei Spornradflugzeugen ein Ausbrechen bei Seitenwind vermieden.

Beim UKW-Bake (heute ILS) und ZZ-Anflug, ein Anflug mit Peilflugleiter, der unserem Funker die Anflugpeilungen (qdm) entgegenfunkte und ZZ gab, wenn wir das Peilerhäuschen bei geöffnetem Fenster am Flugplatzrand überflogen, konnten wir bei Schlechtwetter so auf 50 Meter und weniger hinun-

▲ *1942 Vater fotografiert den Leutnant*

tergehen – ein Minimum, welches die Alliierten mit den Betonbahnen und den Anlagen direkt neben der Landebahn auch in der Verkehrsfliegerei erst Jahrzehnte nach dem Krieg erreichten. Wir haben im Krieg auf diese Weise, wenn es nach den Einsätzen wegen Kraftstoffmangels notwendig war, Blindlandungen bei Sicht gleich null durchgeführt. Die Ju 52 und später die Ju 88 wurden dann bei konstanter Sinkrate mit etwas Gas und sauberem Kurs solange an den Boden herangeführt, bis die Räder den Rasen berührten. Gas heraus und gleichmäßig auf die Bremsen, bis die Maschine im Nebel stand. Der Funker stieg aus und winkte uns mit der Taschenlampe zur Flugleitung. Solche Blindlandungen bei einer Entscheidungshöhe von 6 Metern (oder 18 Fuss wie man heute in der Fliegerei sagt) sind erst Ende der siebziger Jahren beim Jumbo 747 mit drei Autopiloten und komplizierter Elektronik möglich geworden.

Mit Wirkung vom 1.2.1942 wurde ich zum Leutnant (ing) ernannt – gerade 20 Jahre alt – und trug stolz und selbstbewusst die maßgeschneiderte, neue Uniform mit Offiziersdolch. Die silbernen Leutnantschulterklappen gab es in der preußischen Armee seit den Befreiungskriegen gegen Napoleon. Wie hatte ein Moltke, ob Feldmarschall oder Oberst weiß ich nicht mehr, vor dem 1. Weltkrieg gesagt? „Den preußischen Leutnant macht uns keiner nach!" Nun, wir sollten bald merken, dass die britischen, amerikanischen und russischen Leutnants auch nicht so schlecht waren.

Im Frühjahr 1942 wurden wir jungen Leutnants nach Berlin in den Sportpalast beordert. Dort sollte der Führer Adolf Hitler vor den gerade ernannten neuen Offizieren aller Waffengattungen eine Rede halten. Es war das zweite Mal, dass ich Hitler ziemlich nahe sehen sollte. Als Schuljunge habe ich auf ihn stundenlang gewartet, als er in Essen zur Hochzeit des Gauleiters Terboven im offenen Mercedes erschien, umjubelt von uns allen auf den Straßen. Jetzt war der Saal überfüllt mit mehreren tausend jungen Männern in allen Uniformfarben. Ich erinnere mich nicht mehr an den genauen Wortlaut, habe auch keine Notizen darüber, bin aber sicher, dass von der neuen Offensive gegen die Sowjetunion und dem Endsieg die Rede war und dass wir jungen Offiziere die Zukunftsträger eines neuen Europa sein würden. Recht genau hingegen erinnere ich mich noch, dass ein schneidiger General uns mit Kommandostimme vorher aufforderte, den Führer so laut mit Heilrufen zu begrüßen, dass die Wände des Sportpalastes zusammenbrechen würden. Und so geschah es denn auch. Noch heute klingt es mir in Ohren: „Heil, mein Führer!" Ein ohrenbetäubender Schrei, hart und diszipliniert, herausgeschrien

▲ *Auf Kurzurlaub 1943 im elterlichen Garten*

aus tausend jungen Kehlen, gegen alles Maß menschlicher Vernunft. Etwa zwei Jahre später sollte ein anderer Scharlatan an gleicher Stelle in der berühmt-berüchtigten Sportpalastrede ausrufen: „Wollt Ihr den totalen Krieg?"–

Ich weiß heute nicht, ob dieser Schrei „Heil, mein Führer!" oder der Gesang danach mich mehr beeindruckt haben als die ganze Rede. Man fühlte sich als Glied einer Bewegung, einer Erneuerung, die ganz Europa erfasst hatte. Deutschland war wieder ein großes Volk geworden. Wir waren nicht mehr das zerstückelte und besetzte Land. Die Schande des Versailler Vertrages war getilgt. Millionen ausgeschlossene Deutsche im Sudetenland, im Saargebiet, in Oberschlesien, in Danzig, in Österreich und im Osten gehörten wieder zu uns. Wir hatten das Gefühl vom Heiligen Römischen Reich Deutscher Nation, was immer das im Mittelalter gewesen war.

Nach dem Krieg, als mir diese Massenhysterie zu Bewusstsein gekommen war, hatte ich ähnliche, wenn auch viel schwächere Gefühle, wenn ich in den Hollywood-Monumentalfilmen die Masse der stramm stehenden römischen Legionäre auf Kommando ausrufen hörte: „Heil, Caesar!"

Natürlich schlenderten wir Leutnants abends durch Berlin und tanzten in einem der vielen Tanzcafés Foxtrott und Slowfox. Noch spielte sich das Leben wie in Friedenzeiten ab, die Lebensmittel waren zwar rationiert, hin und wieder gab es Fliegeralarm ohne größere Schäden. Berlin war eine tolle Stadt, für uns der Mittelpunkt Europas. Wir Leutnants saßen im Empfangsraum des Hotels Adlon, tranken Sekt und fühlten uns wie Könige. Niemand ahnte, dass in wenigen Monaten eine fürchterliche Luftschlacht zwischen der Royal Air Force und den deutschen Nachtjägern am Himmel über Berlin stattfinden würde.

Am 21.9.1942 lese ich im Tagebuch nach dem Erhalt von Post aus dem Ruhrgebiet:

„Heute Post von zu Hause. Schwere Luftangriffe. Dach abgedeckt, alles in Aufregung. Meine Schwester Elli im Krankenhaus."

Dieser Brief und meine mehrwöchige Anwesenheit auf der Blindflugschule in Kopenhagen brachten mich wieder zurück auf den Boden der Tatsachen. In Dänemark befand ich mich das erste Mal im besetzten Ausland. Die Dänen wagten zwar keinen Widerstand, aber standen uns deutschen Soldaten wenig freundlich gegenüber. Im September 1942 marschierte das dänische Freikorps

▼ *Mit Eltern und Geschwistern*

in Kopenhagen ein, an der Spitze der dänische Aristokrat Christian Frederic von Schalburg hoch zu Ross, in deutschen Uniformen mit Auszeichnungen versehen, die sie im Kampf gegen die Sowjetunion erworben hatten. Die dänische Bevölkerung empfing ihre Freiwilligen mit Pfiffen und Buh-Rufen. Ich stand in Zivil dabei und verstand das nicht. Sie hatten doch mit ihren deutschen Kameraden, gemeinsam mit den hunderttausend Freiwilligen aus Holland, Belgien, Frankreich, Spanien und den baltischen Ländern gegen den Bolschewismus gekämpft? Es ging doch um Europa und den Schutz vor dem Kommunismus?

Am 12.11.1942 erhielt ich nach der Blindflugausbildung den Versetzungsbefehl zur Nachtjagdschule in Kitzingen, diesem wunderschönen Städtchen am Main. Dort herrschte noch tiefster Frieden. Ich brannte darauf, endlich zum Einsatz zu kommen. Meine Eltern aber waren heilfroh, dass der Krieg mich noch verschont hatte. Jetzt begann die Ausbildung an den Waffengeräten, der einmotorigen Messerschmitt 109 und der zweimotorigen Messerschmitt 110.

VIII

1943 Nachtjagdausbildung und Fallschirmabsprung aus Messerschmitt 109

Wer einmal die Messerschmitt 109 geflogen hat und das waren damals tausende von jungen deutschen Piloten, der wird nicht loskommen von diesem Flugzeug und immer wieder daran denken. Wir nannten sie liebevoll die „Beule“. Noch heute bekommen die alten Me 109-Piloten, genau wie die Spitfire- und Mustang-Piloten, so sie noch leben, glänzende Augen, wenn sie das unverkennbare, satte Brummen der 12 Zylinder und der fast 2000 PS starken Motoren hören. Mit mehr als 700 km/h Höchstleistung waren diese schnittigen, hochgezüchteten, einsitzigen Propellerflugzeuge Endprodukte einer Generation, die 1903 mit 12 PS und Radfahrergeschwindigkeit bei den Gebrüdern Wright begonnen hatte. Schneller ging es nicht mehr, es war der Abschluss des Propellerzeitalters.

Gegen Ende des Krieges erschienen, zum Erstaunen der Alliierten, auf deutscher Seite die ersten Jets, die Messerschmitt 262, die an Geschwindigkeit und Wendigkeit allen anderen Jagdflugzeugen der Alliierten überlegen waren. Zu spät und zu wenig, hat der bekannte Jagdflieger Galland gesagt. Von der Me 109 wurden etwa 35000 Stück gebaut, die heutigen Originale in USA, Eng-land und bei uns, kann man an fünf Fingern abzählen.

In Ingolstadt konnten wir Anfang 1943 noch ein volles Trainingsprogramm für die Tagjagd auf der Me 109 ablegen. Leicht war diese Maschine nicht zu fliegen. Sie brach bei Start und Landung wegen des engen Fahrgestelles gerne aus, aber auch, weil das Drehmoment der Luftschraube mit dem gewaltigen Motor beim Gasgeben und Gaswegnehmen bei geringen Geschwindigkeiten

▲ *Messerschmitt 109 und Junkers 88*
▼ *1943 Beisetzung Leutnant Böing in Ingolstadt*

zu abrupten Kursänderungen führte. Zudem war die Me 109 extrem seitenwindempfindlich, sie musste, wie die Natur es uns zeigt, als Spornradflugzeug sauber gegen den Wind gelandet werden. Wir übten Verbandsflug, Rottenflug, Kunstflug, Scheibenschießen und ließen uns mit den Fluglehrern auf simulierte Luftkämpfe ein. Die Fluglehrer waren Jagdflieger, die die Luftschlacht über England 1940 mit ihren Messerschmitt 109 gegen die Spitfires überlebt hatten. Diese Jungens konnten fliegen. Wenn man einen von ihnen beim simulierten Kurvenkampf im Nacken hatte, kriegte man ihn nicht mehr los.

In unserer Fluggruppe flog ein junger Leutnant namens Böing. Er sagte uns, dass er ein enger Verwandter des Gründers der Boeing-Werke in USA sei. Eine tragische Verquickung! Dieser junge deutsche Leutnant sollte also nach Abschluss der Ausbildung die gefürchteten viermotorigen Boeing 17, die sogenannten fliegenden Festungen, Produkte seines Großonkels in Seattle, abschießen. Erst viel später fanden wir heraus, dass viele amerikanische Piloten deutscher Abstammung waren. Unter den toten amerikanischen Fliegern gab es Namen wie Schulze, Klein und Meyer. Aber so weit dachten wir damals nicht.

Leutnant Böing übte Kunstflug auf der Messerschmitt 109 wie wir alle und kam an einem kalten sonnigen Wintertag 1943 nicht mehr aus dem Trudeln heraus. Nicht weit vom Flugplatz stürzte er tödlich ab. Was war los gewesen? Warum stieg er nicht mit dem Fallschirm aus? Wir standen vor einem Rätsel. Normalerweise ist das Steiltrudeln keine besonders schwierige Figur. Auf guten Flugschulen wird es auch heute immer wieder geübt. Bei allen Flugzeugen gibt man, wenn man das Trudeln beenden will, zügig Gegenseitenruder, hält den Knüppel in Mittelstellung und fängt leicht ab. Nur Flach- und Rückentrudeln kann beim schwanzlastigen und vertrimmten Flugzeugen gefährlich werden.

Der Flugbetrieb ging weiter. Tödliche Unfälle beim Training waren keine Besonderheit in Görings Luftwaffe. An einem der nächsten Tage geriet ich ungewollt ins Steiltrudeln, gab wie gewohnt Gegenseitenruder, Höhenruder neutral – nichts geschah. Also nochmal dasselbe, erst Ruder neutral, dann zügig reingelatscht, die Maschine trudelte weiter. Ich gab Gas vor und zurück, um die Ruder anzublasen, nochmals Gegenseitenruder und Knüppel – ich kriegte einfach keinen Steuerdruck auf die Ruder. Ich erinnere mich noch heute sehr genau, wie der schneebedeckte, bayerische Boden immer näher kam und dachte an Leutnant Böing! Nichts wie raus!! Die drei Griffe hatten

▲ *Jagdausbildung auf Arado 96*

wir oft genug geübt: erst Kabinendach weg, dann losgeschnallt, jetzt kräftig abgestützt und weg vom Flugzeug, drei Sekunden gewartet und den Fallschirmgriff gezogen. Wenig später landete ich nicht weit von den brennenden Trümmern der Me 109. Ein kleiner Lastwagen erreichte mich bald, der Fahrer hatte offenbar meinen Absprung gesehen. Soll ich Sie zum Fliegerhorst bringen? Natürlich. Schönen Dank. Ich unterhielt mich mit dem Mann und musste furchtbar lachen, vielleicht auch eine Reaktion, weil ich heil unten war. Er stellte sich grinsend vor: „Mein Name ist Maier, ich bin der Sargtischler Maier aus Manching, vor einigen Tagen habe ich schon einen Leutnant eingesargt". Ein cleverer Geschäftsmann. Noch war bei mir nichts zu verdienen.

Meine Kameraden auf dem Fliegerhorst bestürmten mich: „Was war los? Endlich einer, der uns sagen kann, warum die Maschinen nicht aus dem Trudeln herauskommen." Ich wusste es auch nicht. In meiner bisherigen Ausbildung hatte ich etwa 50 bis 60 mal mit verschiedenen Flugzeugtypen gertrudelt und nie Probleme gehabt. Zügig Gegenruder und Knüppel neutral und das Trudeln war beendet. Hier, so sagte ich ihnen, war überhaupt kein Steuerdruck mehr. Wir waren ratlos. Eine Untersuchungskommission erschien bald in Ingolstadt. Zwei Maschinen beim Trudeln in so kurzer Zeit, das war zu viel. Die Ingenieure fanden auch sehr bald die Ursache: Angesägte Steuerbolzen im Leitwerk; diese mussten bei starker Belastung einfach wegbrechen. Also Sabotage! Man sagte uns, dass im Herstellerwerk auch Fremdarbeiter beschäftigt seien. Sonst hörten wir nichts mehr, es interessierte uns auch nicht – wir hatten dringendere Probleme. Die Nachtjagdausbildung auf der Messerschmitt 110 musste beendet werden. Die Engländer hatten ihre Nachtangriffe auf das Ruhrgebiet verstärkt. Dort, wo meine Eltern und Geschwister wohnten, ging die Bevölkerung fast jede Nacht in den Keller. Es gab viele Opfer unter den Zivilisten. Fertige Nachtjäger wurden in den Geschwadern dringend gebraucht. Wir brannten darauf nicht mehr auf Scheiben, sondern auf feindliche Flugzeuge schießen zu können.

Die Messerschmitt 110 – mit zwei Daimler-Benz-Motoren, 12 Zylindern, anfangs 1100, später 1475 PS – war zunächst als Zerstörer für Tageseinsätze entwickelt worden und im Polen- und Frankreichfeldzug eingesetzt gewesen. Die Maschine erreichte ohne die späteren Funkmessantennen (Radar) etwas geschmeichelt über 500 km/h. Im Herbst 1940 über England gab es große Verluste unter den Zerstörern durch die schnelleren und wendigeren Spitfires und Hurricanes. Da beide Nationen zu Beginn des Krieges auf einen Luftkrieg bei Nacht nicht vorbereitet waren, griff die deutsche Führung jetzt auf die

▼ *Auszug aus dem Soldbuch*

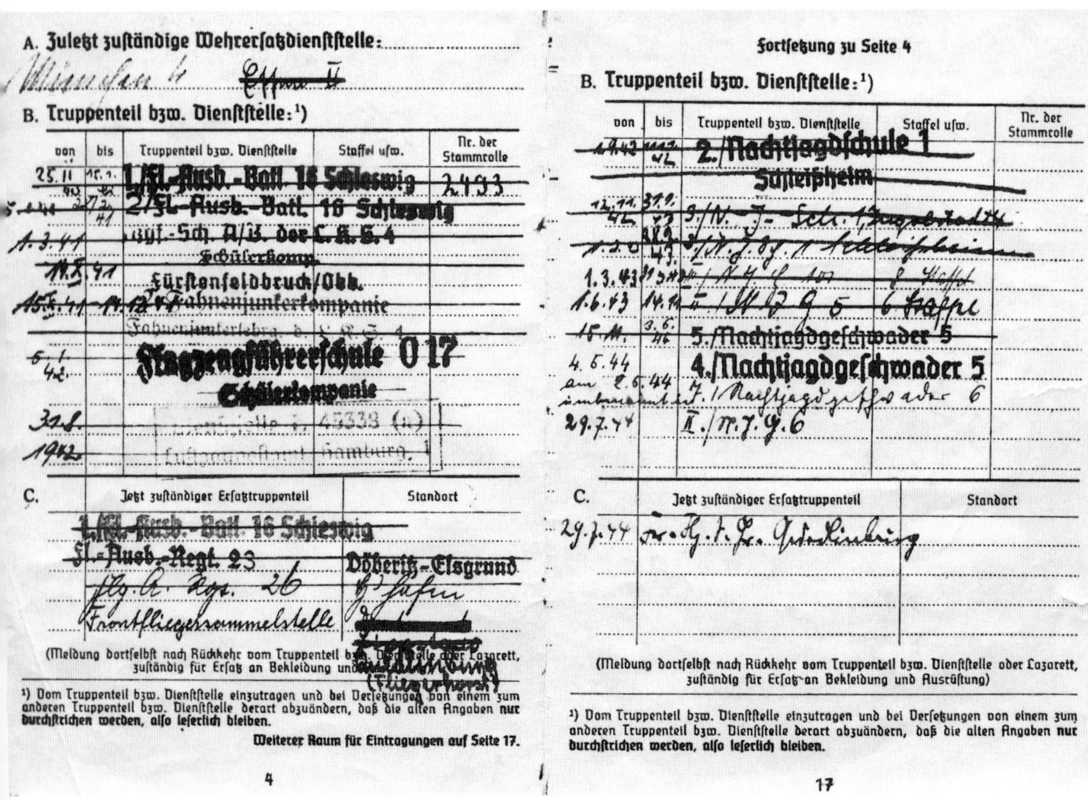
A. Zuletzt zuständige Wehrersatzdienststelle: München 4 [illegible]

B. Truppenteil bzw. Dienststelle:¹)

von	bis	Truppenteil bzw. Dienststelle	Staffel usw.	Nr. der Stammrolle
25.11.40	15.2.41	1./Fl.-Ausb.-Batl. 16 Schleswig		2493
[illegible]	27.2.41	2./Fl.-Ausb.-Batl. 16 Schleswig		
1.3.41		Fzgf.-Sch. A/B. der L.K.S. 4		
		Schülerkomp.		
14.5.41		Fürstenfeldbruck/Obb.		
15.5.41	14.12.41	Fahnenjunkerkompanie		
		Fahnenjunkerlehrg. b. L.K.S. 4		
6.1.42		Flugzeugführerschule 0 17		
		Schülerkompanie		
31.8.1942		Dienststelle ... 45338 (n) Luftgaupostamt Hamburg 1		

C.

Jetzt zuständiger Ersatztruppenteil	Standort
1./Fl.-Ausb.-Batl. 16 Schleswig	
Fl.-Ausb.-Regt. 23	Döberitz-Elsgrund
Flg. E. Rgt. 26	[illegible]
Frontfliegersammelstelle	[illegible] (Fliegerhorst)

(Meldung dortselbst nach Rückkehr vom Truppenteil bzw. Dienststelle oder Lazarett, zuständig für Ersatz an Bekleidung und Ausrüstung)

¹) Vom Truppenteil bzw. Dienststelle einzutragen und bei Versetzungen von einem zum anderen Truppenteil bzw. Dienststelle derart abzuändern, daß die alten Angaben **nur durchstrichen werden, also leserlich bleiben.**

Weiterer Raum für Eintragungen auf Seite 17.

4

Fortsetzung zu Seite 4

B. Truppenteil bzw. Dienststelle:¹)

von	bis	Truppenteil bzw. Dienststelle	Staffel usw.	Nr. der Stammrolle
[illegible] 42	[illegible] 42	2./Nachtjagdschule 1		
		Schleißheim		
12.11.42	31.9.43	3./N. J. Schl. 1 [illegible]		
[illegible]	[illegible] 43	3./N.J.G. 1 [illegible]		
1.3.43	[illegible]	1./N.J.G. 101	8. Staffel	
1.6.43	14.11.	II./N.J.G. 5	6. Staffel	
15.11.	3.5.44	5./Nachtjagdgeschwader 5		
4.5.44		4./Nachtjagdgeschwader 5		
am 2.6.44 umbenannt in		7./Nachtjagdgeschwader 6		
29.7.44		II./N.J.G. 6		

C.

Jetzt zuständiger Ersatztruppenteil	Standort
29.7.44 [illegible]	

(Meldung dortselbst nach Rückkehr vom Truppenteil bzw. Dienststelle oder Lazarett, zuständig für Ersatz an Bekleidung und Ausrüstung)

¹) Vom Truppenteil bzw. Dienststelle einzutragen und bei Versetzungen von einem zum anderen Truppenteil bzw. Dienststelle derart abzuändern, daß die alten Angaben **nur durchstrichen werden, also leserlich bleiben.**

17

Me 110 zurück. Wir schulten Tag und Nacht, um voran zu kommen. Zunächst „helle Nachtjagd", also Übungen mit Scheinwerfern, dieses nur kurz, denn bei Wolkenbedeckung konnten die Scheinwerfer die Flugzeuge nicht erfassen. Auch wussten wir, dass die RAF-Piloten durch Sturzflug und allerlei an Kunstflug heranreichende Manöver versuchten, den Scheinwerfern zu entgehen. Wir haben das später bei der Fernnachtjagd über England genau so gemacht. Uns Nachtjäger blendeten die Scheinwerfer ebenfalls und nur zu oft verloren wir dabei den Gegner.

In der Hauptsache übten wir deshalb sogenante „Dunaja", Dunkelnachtjagd. General Kammhuber, von uns respektlos „Wurzelsepp" genannt, da aus Bayern mit dem Vornamen Josef, war der Schöpfer dieser dunklen Raumnachtjagd. Fast das ganze besetzte Europa war überzogen von Nachtjagdräumen, in denen große Radargeräte (sogennante „Würzburg Riesen") standen, die Freund und Feind erfassten.
Auf der Nachtjagdschule wurden zwei Me 110 in den Himmel geschickt, einer flog ohne Positionslichter einen verhältnismäßig geraden Kurs und der andere versuchte sich heranzuschleichen und einen Angriff von hinten unten zu simulieren. Kein leichtes Unterfangen in stockdunkler und diesiger Nacht. Ohne Jägerleitoffizier am Boden war das nicht zu machen. Wir hatten ja damals auf den Schulen keine bordeigenen Radargeräte wie „Lichtenstein", die befanden sich an der Front bei einigen Experten.

Der Jägerleitoffizier am Boden benutzte das für die Flak von Telefunken entwickelte Würzburg-Gerät, einen großen tellerförmigen Reflektor mit Dipol Antenne und mindestens drei Meter Durchmesser, ähnlich den heutigen Satellitenantennen, nur viel größer und nach allen Seiten beweglich zur Messung des Azimuths. Die aufgefangenen Signale gaben Höhe, Richtung und Geschwindigkeit eines Objekts wider; ein zweites Würzburg-Gerät diente den angreifenden Nachtjägern. Mit diesen Werten war es dem Jägerleitoffizier möglich, einen Nachtjäger auf ein voraus fliegendes Objekt anzusetzen. Es war in der Tat eine „Kunst", ein teuflisches Spiel, das sich da bei den Gegebenheiten des Luftkrieges entwickelt hatte und von allen Beteiligten höchste Konzentration erforderte.

Die Soldaten am „Würzburg" mussten die Zacken auf den Braunschen Röhren richtig interpretieren, die Jägerleitoffiziere die Flugzeugpunkte auf dem Spezialtisch nach Kursen und Geschwindigkeiten richtig berechnen, der Flugzeugführer, gemeinsam mit seinem Bordfunker, der für die Funk- und

▲ *Schulung auf Me 110*
▼ *Auf dem Flugplatz Echterdingen, in der Mitte mit Käppi Uffz. Kiel, daneben Lt. Spoden und Lt. Skazedonik*

Sprechverständigung mit dem Jägerleitoffizier sorgte, sauber fliegen. Ein Heranführen war nur auf eine Distanz von 300-400 Meter möglich, dann musste man den „Feind“ sehen. Das ist in der mondhellen Nacht kein Problem. In einer dunklen Nacht sieht man je nach Nachtsehfähigkeit etwa 200-300 Meter weit und bei starkem Dunst oder Wolken gar nichts. Außerdem war es wichtig, ob man sich über oder unter dem anderen Flugzeug befand. Ein Flugzeug unterhalb verschwindet im Bodengrau, eine Maschine nach oben betrachtet, hebt sich als Silhouette kräftig gegen den Sternenhimmel ab. Wer mal nachts einen Waldspaziergang gemacht und dabei nach oben auf die Baumkronen geschaut hat, weiß das. Die Jägerleitoffiziere waren große Könner, wenn sie uns von hinten unten in Schussposition heranführen konnten.

Das ganze Anflugverfahren der dunklen Nachtjagd war unerhört aufwendig und erforderte exzellente und routinierte Zusammenarbeit zwischen Bodenpersonal und Besatzung. Gebhard Aders, der Verfasser des Sachbuches „Geschichte der deutschen Nachtjagd 1917-1945“, schreibt darin, dass für jeden Ansatz eines Nachtjägers 140 LN-(Luftnachrichten) Soldaten und LN-Helferinnen nötig waren. Man darf ohne weiteres annehmen, dass in den letzten beiden Kriegsjahren, als sich die brutalen Luftangriffe der RAF auf deutsche Städte verstärkten, innerhalb der Reichsverteidigung drei Millionen Angehörige der Wehrmacht (Nachtjagd, Flak, Nachrichtentruppe, Scheinwerfer, Flughafen- und technisches Personal) zur Verteidigung der Heimat (man nannte das damals Reichsverteidigung) tätig waren. Ganz abgesehen von Luftschutz und Feuerwehr.

Anfang 1942 hatte Air Marshal Sir Arthur Harris, von den RAF-Piloten später „Butch-Harris“ („Schlächter-Harris“) genannt, die Leitung des englischen „Bomber Command“ übernommen. Die ersten massiven Nachtangriffe auf die historischen Stadtkerne von Lübeck (29.3.42) und Rostock (27.4.42) mit 468 Bombern, zeigten seine Handschrift. Am 30.5.1942 ordnete Harris den berühmt-berüchtigten 1000 Bomber-Angriff auf Köln an.

Churchill, Harris und ihre Berater waren sich einig, dass eine Bombardierung der Arbeiterwohnungen in den deutschen Städten notwendig sei, um die deutsche Industrie zu lähmen. Das bedeutete Flächenbombardierungen und in den Worten von Harris „area-bombing“, eine Brutalisierung des Luftkrieges auf Kosten unschuldiger Zivilisten. Die beiden Symbole deutscher Barbarei Guernika und Coventry waren in den Augen unserer Bomberpiloten Angriffe

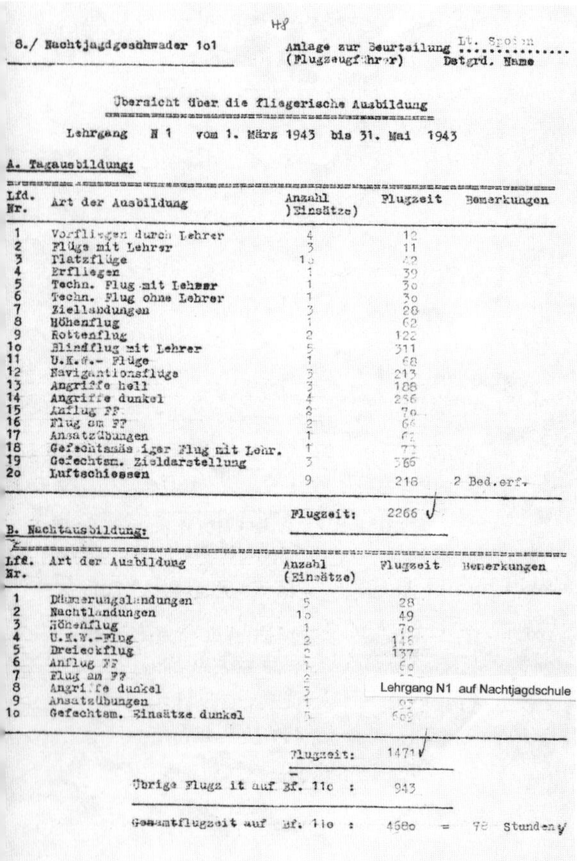

48

8./ Nachtjagdgeschwader 1o1

Anlage zur Beurteilung Lt. Spoden
(Flugzeugführer) Dstgrd. Name

Übersicht über die fliegerische Ausbildung

Lehrgang N 1 vom 1. März 1943 bis 31. Mai 1943

A. Tagausbildung:

Lfd. Nr.	Art der Ausbildung	Anzahl)Einsätze)	Flugzeit	Bemerkungen
1	Vorfliegen durch Lehrer	4	12	
2	Flüge mit Lehrer	3	11	
3	Platzflüge	1o	42	
4	Erfliegen	1	39	
5	Techn. Flug mit Lehrer	1	3o	
6	Techn. Flug ohne Lehrer	1	3o	
7	Ziellandungen	3	28	
8	Höhenflug	1	62	
9	Rottenflug	2	122	
1o	Blindflug mit Lehrer	5	311	
11	U.K.W.- Flüge	1	68	
12	Navigantionsflüge	3	213	
13	Angriffe hell	3	188	
14	Angriffe dunkel	4	256	
15	Anflug FF	2	7o	
16	Flug am FF	2	66	
17	Ansatzübungen	1	62	
18	Gefechtsmässiger Flug mit Lehr.	1	72	
19	Gefechtsm. Zieldarstellung	3	366	
2o	Luftschiessen	9	218	2 Bed.erf.

Flugzeit: 2266

B. Nachtausbildung:

Lfd. Nr.	Art der Ausbildung	Anzahl (Einsätze)	Flugzeit	Bemerkungen
1	Dämmerungslandungen	5	28	
2	Nachtlandungen	1o	49	
3	Höhenflug	1	7o	
4	U.K.W.-Flug	2	146	
5	Dreieckflug	2	137	
6	Anflug FF	1	6o	
7	Flug am FF	2	[illegible]	
8	Angriffe dunkel	3	[illegible]	
9	Ansatzübungen	1	93	
1o	Gefechtsm. Einsätze dunkel	5	6o9	

Lehrgang N1 auf Nachtjagdschule

Flugzeit: 1471

Übrige Flugzeit auf Bf. 11o : 943

Gesamtflugzeit auf Bf. 11o : 468o = 78 Stunden

◀ *Ausbildungsplan*
▼ *Lehrgang N1 auf Nachtjagdschule*

auf militärische Ziele gewesen. In Guernika waren es eine Brücke und eine Straßenkreuzung und in Coventry zwölf wichtige Rüstungswerke, so sagten sie, wobei, wie wir heute wissen, hunderte von Unschuldigen ums Leben kamen. Wir Nachtjäger fragten unsere früheren Bomberpiloten, die sich jetzt mit uns in der Nachtjagdschulung befanden und die Angriffe in Spanien und auf englische Städte überlebt hatten. Sie alle sagten übereinstimmend: „So etwas, wie diese Flächenbombardierungen von Wohngebieten, mit dem Ziel vom Stadtkern aus einen Feuersturm über die ganze Stadt zu entfesseln – für Tausende der sichere Tod – nein, so etwas haben wir nicht gemacht." Wir glaubten ihnen.

Am 27.5.1943 befand ich mich, so mein Soldbuch, auf Urlaub in meiner Heimatstadt Essen. Schon auf dem Fußweg spät abends vom Bahnhof Essen-West zum Elternhaus in der Altendorfer Straße gab es Fliegeralarm. Da eine Menge Spreng- und Brandbomben fielen, sprang ich an der Bockmühle in ein Einmannloch. Über mir sah ich das erste Mal, teilweise in den Wolken, zwei Lancaster, diese viermotorigen RAF-Bomber, die mein Ziel in den nächsten beiden Jahren sein sollten. Ich fühlte mich sehr wehrlos und ausgeliefert und verstand die furchtbare Angst der Frauen, Kinder und alten Leute in den Kellern. Das Pfeifen der Bomben, die Detonationen, das Schießen der Flak, die herumrasenden Granatsplitter, das Zusammenkrachen der Häuser – es war ein tödliches Inferno. Was muss sich da in den Luftschutzkellern Nacht für Nacht abgespielt haben?

Als ich das Elternhaus erreichte, brannte ein Teil des schon vorher beschädigten Dachstuhls. Ich konnte Vater beim Löschen mithelfen, meine Mutter sollte mit meinen jüngeren Schwestern nach Süddeutschland evakuiert werden. Ich kannte Essen nicht mehr wieder. Trümmer über Trümmer, eine Geisterstadt ohne Kinder und unter den Trümmern Verbrannte, Erstickte oder Erschlagene. Vater sagte mir beim Abschied: „Junge, lass Dich nicht totschießen. Der Krieg ist verloren!" Ich kehrte ziemlich deprimiert zur Truppe zurück.

Am 1.6.1943 wurde ich zum Einsatzgeschwader NJG 5, 6. Staffel, versetzt. Nach 27 Monaten Ausbildung zum Nachtjäger.

IX

Beim Einsatzverband und der Luftangriff auf Hamburg am 25.7.1943

Die II. Gruppe des Nachtjagdgeschwaders 5 lag mit der 6. Staffel auf dem Flugplatz Parchim in Mecklenburg und war gerade neu aufgestellt worden. Offenbar zum Schutz von Berlin, zumal Harris seinem Chef Churchill und der englischen Regierung versprochen hatte, das 3. Reich durch die Vernichtung der Hauptstadt in die Knie zu zwingen. Die Luftschlacht um Berlin sollte er verlieren, weil die Verluste der Royal Air Force zu hoch wurden. Die Vernichtung Berlins führten jedoch nachher die Sowjets und die amerikanischen viermotorigen Bomber umso gründlicher durch.

Ich wurde in Parchim von den Nachtjägern und Bodenpersonal sehr freundlich, beinahe herzlich aufgenommen. Der Nachwuchs war schon seit langem angekündigt worden. Das Offizierskorps hatte eine Zusammensetzung, die typisch für die deutsche Nachtjagd war. Es befanden sich Haudegen und Draufgänger darunter, aber auch besonnene Offiziere, die mit Überlegung und Taktik an ihre gefährlichen Aufgaben gingen. Es war kaum einer älter als 25 Jahre, einige aus dem Ruhrgebiet und Köln, andere aus Schlesien und Österreich. Rudi Schönert, unser Kommandeur, war vor dem Krieg mit Engländern auf Segelschiffen zur See gefahren, seine Einstellung zu den Tommies färbte auf uns alle ab. „Das sind keine üblen Boys", sagte er uns wörtlich, „glaubt mir, die sind in den ganzen Mist genauso hineingeraten wie wir, vielleicht sitzen sie jetzt in den Maschinen, meine früheren Freunde." Er, der am Kriegsende 64 Abschüsse nachweisen konnte und nach dem Krieg als Buschpilot in Canada endete, forderte uns auch auf, nicht in den Rumpf, sondern in die Flächen zu schießen. „Die Kraftstofftanks brennen mit wenigen Schüssen

▲ *(von links) Johnen, Schönert*
▼ *(von links) Schulte, Spoden, Kraft*

und außerdem können die Jungens noch schnell aussteigen, wenn die Fläche brennt." Ich habe mich daran gehalten, nur einmal nicht, da habe ich rot gesehen.

Es gab auch die anderen, die kaltschnäuzigen, die voller Ehrgeiz auf jeden Abschuss wild waren. Sie wollten unbedingt das Ritterkreuz, sie wurden als die Männer mit den „Halsschmerzen" bezeichnet, weil sie unbedingt diesen Orden um den Hals haben wollten. Leider wurde diese Jagd nach den Orden von der damaligen Führung extrem unterstützt, ebenso wie übrigens auch die Medaillenjagd bei den Alliierten. Bei uns gab es beim ersten Abschuss das Eiserne Kreuz 2. Klasse, beim vierten Abschuss das EK 1, bei 10 Abschüssen den Ehrenpokal und bei 15 Abschüssen das Deutsche Kreuz in Gold. Klar, dass wir als junge Jagdflieger scharf auf diese Orden waren. Das Deutsche Kreuz wurde bei der Truppe nicht ohne Häme „Spiegelei" und Ritterkreuzbremse genannt. Auch wurde die Zahl der Nachtjagdabschüsse fürs Ritterkreuz gegen Kriegsende immer höher gesetzt. Nach dem Krieg bewunderte ich Prof. Marcuse wegen der mutigen Aussage, dass nicht die nackte Brust einer Frau obszön sei, wohl aber die ordengeschmückte Brust eines Generals. Und wie hatte mein Vater mir immer gesagt: „Junge, besser kein Eisernes Kreuz an der Brust, als ein Eisen im Kreuz!"

Oberleutnant Sepp Kraft (56 Abschüsse) aus Wien war einer dieser Draufgänger. Er kannte nichts anderes als Fliegen und Schießen. Das ging so weit, dass er in Nähe der ungarischen Grenze 1944 eine deutsche Dornier 17 mit Besatzung vom Himmel holte. Kein Einzelfall bei unserer Kriegsfliegerei. Ebenso wurden viele Nachtjäger von der eigenen Flak abgeschossen. Die Amerikaner nannten das in ihren Kriegen nach 1945 „friendly fire". Ich möchte wissen, was an diesem Verbrennen in der abstürzenden Maschine für junge Menschen besonders „friendly" war.

Ein anderer Oberleutnant, den ich in Parchim kennen und schätzen lernte, war Wim Johnen aus Duisburg. Er hatte ein verbranntes Gesicht, nicht ganz so schlimm, wie ich es später bei dem deutschen Jagdflieger Steinhoff und bei englischen Fliegern gesehen habe, wo es einem schwerfiel, diesen Männern direkt ins Gesicht zu schauen, weil man die Schmerzen mitfühlte, wenn sie ihr entstelltes Gesicht verzogen. Johnen erhielt beim Schusswechsel mit einer Viermotorigen vom Heckschützen volles Feuer und er konnte nur mit Mühe aus der brennenden Maschine aussteigen. Mitten im Ruhrgebiet, nahe seiner Heimatstadt Duisburg.

▲ *1943 Offiziere II NJG5 Besuch General Huth*
(von links) Knieling, Johnen, General Huth, Fellerer, Schulte, Kraft, Thun

In Parchim traf ich auch Oberleutnant Helmuth Schulte aus Leverkusen, einer der wenigen Reserveoffiziere in der Nachtjagd, ebenfalls mehrmals abgeschossen und mit dem Fallschirm abgesprungen. Er legte Wert auf seinen zivilen Charakter als studierter Ingenieur und hielt so gar nichts vom Offiziersgetue. Als sich einmal ein Hohenzollernprinz im Kasino vorstellte, korrekt die Hacken zusammenschlagend: „Äh, Prinz von Preußen.“, erwiderte Helmuth lakonisch: „Äh, Schulte von Leverkusen!“ Damit hatte Schulte seinen Spitznamen weg und wurde von uns nur „Schulte von und zu Leverkusen“ genannt. Allerdings lernte ich später zwei Aristokraten kennen, denen ich auch heute noch meinen Respekt zolle: Prinz zu Sayn-Wittgenstein und Prinz zur Lippe-Weissenfeld – beide Anfang 1944 nach Flugunfall und bei Nachtjagdeinsätzen gegen die RAF gefallen.

Poldi Fellerer aus Wien, ein viel gemütlicherer Österreicher als Kraft, war von einem bewundernswerten Gleichmut und hatte diesen unnachahmlichen Scharm, aber knallhart, wenn es um englische Feindflugzeuge ging. Er kehrte nach dem Krieg mit 41 Abschüssen in seine Heimat Wien zurück, baute dort die österreichische Fliegerei wieder auf und stürzte bei einer Zieldarstellung tödlich ab. Es gab zwischen den Fliegern aus der „Ostmark“, wie wir Österreich nannten, uns Rheinländern, den Männern aus Ostpreußen oder dem Sudetenland überhaupt keine Probleme. Wir fühlten uns als Reichsdeutsche. Ich freue mich heute noch, wenn ich die verschiedenen Dialekte höre. Mir tut es leid, dass ich das breite Ostpreußische und das Schlesische nicht mehr höre. Wir liebten unser Land, unsere Kultur, unsere Musik, unsere Städte, ganz gleich ob aus Berlin, Königsberg, Wien oder dem Ruhrgebiet.

Nun traf ich in Parchim nicht nur erfahrene Fliegeroffiziere, sondern pflegte als technischer Offizier viel Kontakt zu dem Bodenpersonal. Da gab es ebenso zu bewundernde Männer, die als Gefreite, Unteroffiziere oder Feldwebel in ihrer Funktion als Funker, Mechaniker oder Waffenwarte tätig waren. Ohne sie wäre nichts gelaufen. Wenn wir Nachtjäger schliefen, schufteten sie tagsüber wie wild an den oft angeschossenen und beschädigten Flugzeugen, um sie für den Nachteinsatz wieder hinzukriegen, weil sie in den Feldpostbriefen von ihren Frauen über die erbarmungslosen Angriffe der RAF in den Städten hörten.

Mein Funker war Unteroffizier Kiel, ein junger Mann von 19 Jahren aus dem Teutoburger Wald. Mit ihm blieb ich lange Zeit zusammen, wir mussten uns jetzt mit dem neuen bordeigenen Funkmessgerät, dem „Lichtenstein“, befassen.

◀ *Poldi Fellerer*

▼ *Nachtjäger Me 110 mit Radarnase „Lichtenstein" unter der Fläche Kraftstoff-zusatzbehälter*

An der Messerschmitt 110 waren neuerdings an der Flugzeugnase Antennen zum Senden und Empfangen im Dezimeterbereich angebracht worden, die wie Hirschgeweihe aussahen. Vor dem Funkersitz befanden sich drei Braunsche Röhren zur Wiedergabe von elektrischen Impulsen. Die von einem voraus fliegenden Flugzeug empfangenen Radarechos stellten sich hier als leuchtende Zacken dar, die dem Funker bei richtiger Interpretation Höhe, Richtung und Distanz zum Objekt mitteilten. Er rief also dem Flugzeugführer in der Nacht über die „EiV", die Eigenverständigung, zu: „Höher, höher, links, mehr links, Distanz 300 Meter, 100 Meter, langsamer, wir überschießen! Oder: „Rechts oben muss er sein!" Das Ganze musste geübt werden in vielen Mess- und Werkstattflügen, bei Nacht und Tag, bei jedem Wetter.

Als ich nach Parchim kam, hoffte ich sofort gegen die Engländer eingesetzt zu werden. Schönert stoppte mich: „Langsam, langsam, machen Sie sich mit ihrem Funker erst mal vertraut mit dem Lichtenstein-Gerät." Fing diese Lernerei und Ausbildung schon wieder an? Musste das sein? Verdammt, ich konnte doch schießen, ich hatte es doch oft genug auf Scheiben im Tiefflug geübt! Ich brannte darauf, den „Tommies" das heimzuzahlen, was sie meiner Heimatstadt angetan hatten. Es war gut so, dass Schönert mich bremste. Es sollte noch zweieinhalb Monate dauern, bis ich die erste Viermotorige ins Schussfeld bekam. Später, als ich selbst meine bitteren Erfahrungen gesammelt hatte, habe ich diese jungen Oberfähnriche und Leutnants gesehen, die voller Begeisterung und Eifer von den Jagdschulen zu uns kamen, in den Himmel stiegen und nicht mehr zurückkehrten.

Da ist in den beiden Weltkriegen eine Millionenzahl der intelligenten Elite von jungen verführten Männern am Boden, auf den Meeren und in der Luft bei allen Völkern dieser Erde „verheizt" worden. Es hat eine verbrecherische Auslese, ein furchtbarer Missbrauch des Idealismus stattgefunden. Manchmal meine ich heute, dass die Welt nicht so materialistisch und egoistisch eingestellt wäre und auf vielen Gebieten besser aussähe, wenn diese Millionen weiter gelebt hätten.

Trotz meiner Zieldarstellungsflüge am Tage auf einer neuen Me 110 mit Lichtensteingerät – Uffz Kiel und neuerdings mit einem Bordschützen hinten am MG immer dabei – mussten wir jede Nacht Bereitschaftsdienst (so genannte Sitzbereitschaft) leisten, allerdings als letzte Reserve. Der Posten des Bordschützen am hinteren Maschinengewehr war beim Bodenpersonal sehr begehrt und wechselte ständig. Erzielte der Pilot vorne einen Abschuss, gab es für den

▲ *„Würzburg-Riese" zur Erfassung von Bomber oder Nachtjäger*
▼ *RAF-Bomber über brennenden Hamburg am 25.7.1943* (Foto RAF Museum London)

Bordschützen, auch wenn er nur mitgeflogen war und das MG hinten heraus lediglich festgehalten hatte, das Eiserne Kreuz 2. Klasse wegen Abschussbeteiligung. In der Heimat, auf Urlaub, wusste natürlich niemand die Details. Wenn allerdings die Maschine durch Feindbeschuss brannte, war er genauso dran, wie wir da vorne.

Für jeden der vielen Nachtjagdräume, die General Kammhuber mit Riesenradargeräten (Würzburg) ausgerüstet hatte, musste bei Einflügen feindlicher Flugzeuge ein Nachtjäger hochsteigen und vom Jägerleitoffizier herangeführt werden. Ging dessen Kraftstoff zur Neige, bekam der nächste Nachtjäger Startbefehl. Das waren natürlich erfahrene Abschussbesatzungen. Ich befand mich meistens am Schluss als letzte Welle hinter Schönert, Fellerer, Johnen, Kraft und Ehrhardt. Wenn ich mal Startbefehl erhielt, hatten meine Vorgänger schon abgeschossen und es gab keine Durchflüge mehr, auf die der Jägerleitoffizier mich hätte ansetzen können. Ein Verfolgen der abfliegenden „Tommies" über die Nordsee nach England wäre möglich gewesen, aber von höchster Stelle untersagt. Der Schutz Berlins ging vor. Eine der vielen Fehlentscheidungen, wie sich später herausstellen sollte.

Am 25.7.1943 sah alles ganz anders aus. Ich befand mich im Raum „Reiher", nahe Lübeck, war als einer der letzten hochgeschickt worden und sah bereits schon kurz nach dem Start einen furchtbaren Flächenbrand westlich von mir. So etwas hatte ich noch nie gesehen. Mein Gott, das konnte doch nicht Hamburg sein? Hamburg war doch noch mehr als 100 km entfernt. Wir hatten schwere Störungen im Lichtenstein und auf dem Würzburgradar. Überall nur Flimmern und keine ablesbaren Zacken, sagte Uffz. Kiel. Der Jägerleitoffizier konnte mich nicht ansetzen. Da sah ich weit entfernt, mit bloßem Auge, einige viermotorige Flugzeuge über der hellen, von Bodenbränden erleuchteten Wolkenschicht, wie Motten so klein, aber unverkennbar Viermots. „Führen Sie mich dahin!" rief ich dem Jägerleitoffizier auf Kurzwelle zu. „Nein, das kann ich nicht, das ist außerhalb meines Raumes, das ist Flak-Schießgebiet!" „Sprechen Sie mit Berlin", rief ich, „lassen Sie mich dahin! Ich kann die „Tommies" sehen." „Nein, Sie müssen im Raum Reiher bleiben, ich habe schon nachgehört, wir müssen mit Durchflügen rechnen." Ich war verzweifelt, da war ich nun über zwei Jahre ausgebildet worden, sah die Tommies vor mir und durfte nicht hin. Ich hätte einfach hinfliegen sollen, entgegen diesem Befehl! Es gab natürlich keine Durchflüge und ich landete völlig fertig in Parchim.

▲ *Hamburg nach dem Angriff*
▼ *Die in England gelandete Ju 88 D5-EV des Überläufers mit neuestem Radar*

Auf dem Gefechtsstand war die Hölle los! Die Besatzungen, auch die erfahrenen meldeten extreme Störungen, Fehlerfassungen und kaum Abschüsse. Alle berichteten von furchtbaren Bränden und Detonationen und dass sie viele Viermots gesehen hatten. Sepp Kraft tobte: „Warum lässt man uns nicht zu den Bränden fliegen? Da sehen wir sie doch und können sie abknallen. Rufen wir sofort die Jagddivision oder Göring selbst an.“ Das geschah auch. Auch dort war man zunächst kopflos, von den anderen Nachtjagdgeschwadern waren die gleichen vernichtenden Meldungen eingegangen.

In jener Nacht war Hamburg von 791 Bombern angegriffen worden, von denen die Nachtjagd neun und die Flak drei abschießen konnte, also 1,5 % (nach Aders „Geschichte der Nachtjagd“). Die Engländer warfen in dieser Nacht schlagartig 92 Millionen Aluminiumstreifen ab, von uns „Düppel“ genannt, deren Länge von den Engländern so geschnitten war, dass die Reflexionen der frei schwebenden Folien sämtliche Radargeräte der deutschen Abwehr und unsere Lichtenstein-Geräte störten. Damit war die ganze Nachtjagd auf einen Schlag zusammengebrochen und blind geworden. Auch die Feuerleit- und Flugmeldegeräte der Flak waren ausgefallen und damit ein Wirkungsschießen unmöglich geworden. Kammhubers Raumnachtjagd war seit dieser Nacht praktisch erledigt.

Die Wellenlänge der Lichtenstein-Geräte war den Engländern schon seit Dezember 1942 bekannt. Aber die genaue Kenntnis und Details dieses streng geheimen Suchgeräts bekamen die Engländer von dem Deserteur Oberleutnant Schmitt vom NJG 3 geliefert, der am 9. Mai 1943 – also 10 Wochen vor dem Hamburg Desaster vorsätzlich mit einer Nachtjagdversion Junker 88 D5-EV vom deutsch besetzten Skandinavien nach England zur schottischen Ostküste, nach Dyce, geflogen war. Man kann dieses Beutestück noch heute im Museum Hendon bei London besichtigen. Die Gründe dieses Verrats sollen politische und persönliche (Frauengeschichten) gewesen sein.

Die Besatzung dieser Ju 88 hatte die Flucht zur britischen Insel sehr sorgfältig vorbereitet. Man flog ganz tief, auf halbem Weg gab der Bordfunker einen SOS-Notruf ab, in dem er meldete, dass ein Motor brenne und sie notwassern würden. Man warf die Rettungsinsel hinaus und flog mit beiden Motoren auf die englische Küste zu. Sofort wurden von der Luftwaffe Rettungsflugzeuge eingesetzt, die auch die im Wasser treibenden Schlauchboote vorfanden, aber natürlich kein Zeichen vom Flugzeug selbst.

▲
▼ *Opfer in Hamburg*

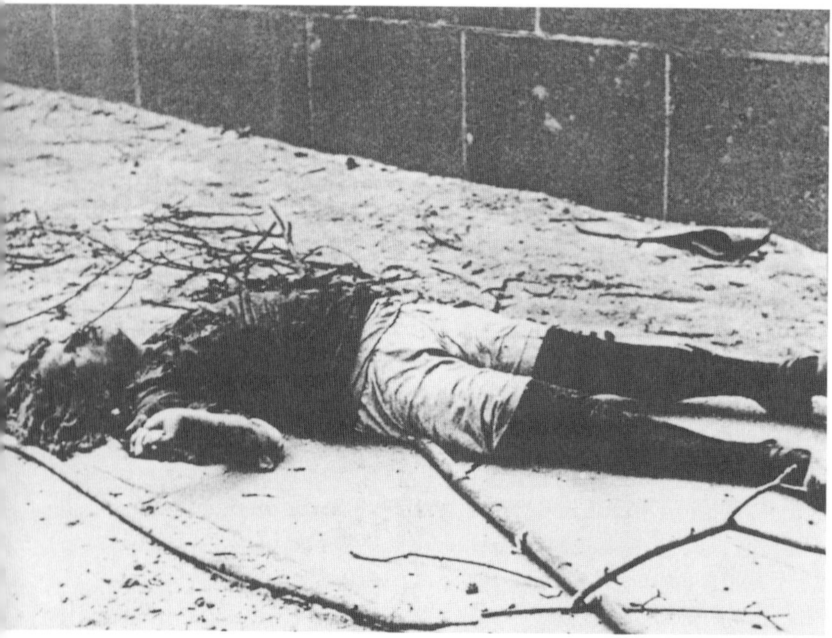

Peter Hinchliffe, ein Navigator bei der RAF, abgeschossen von einem deutschen Nachtjäger, schreibt in seinem sehr sachlichen, auch in der Bundesrepublik erschienenen Buch „Luftkrieg bei Nacht", dass diese unerwartete Landung einer deutschen Nachtjagdmaschine für die britischen Wissenschaftler und Taktiker ein unerhoffter Glücksfall und ein gewaltiger Schritt voran war.

Innerhalb weniger Wochen nach diesem Ereignis erschienen im Juni 1943 die englischen Fernnachtjäger mit einem neuen Suchgerät „Serrate", welches die Sendeantennen des Lichtensteingeräts anpeilten. Damit waren auf einmal wir deutschen Nachtjäger die Gejagten. Im Juli 1943 meldete die 141. Gruppe der „Beaufighter"- Fernnachtjäger in der RAF allein 23 abgeschossene deutsche Nachtjäger.

Darüber hinaus gab die erbeutete, flugfähige Ju 88 der RAF die Möglichkeit, in vielen Testflügen mit viermotorigen Bombern neue Abwehrbewegungen für den Nachteinsatz zu studieren, um dem Lichtensteinkegel zu entgehen. Es entstand der bei den britischen Bomberpiloten beliebte „corkscrew" (Korkenzieher), eine spiralförmige, steile Kurve nach unten ins Dunkle der Nacht; beinahe eine Kunstflugfigur. Ich habe auf diese Weise etwa 15 Bomber verloren, bei denen ich mich schon in sicherer Schussposition glaubte.

Schmitt kam bei den Engländern nicht zum Fliegen, was er gerne wollte. Man hat ihn eigentlich verachtet, wie mir frühere RAF-Leute bestätigt haben. Schmitt und seine Besatzung durften in den deutschsprachigen Sendungen des englischen Rundfunks „Calais" unter anderem Namen auftreten und wohnten nach den Recherchen eines deutschen Reporters später nicht in der Bundesrepublik sondern im Süden Europas.

In den nächsten Nächten warf die RAF weiterhin Bomben auf die Rauchwolken der todwunden Stadt. Das war kein gezieltes Bombardement mehr! Die Navigation war sehr einfach, Rauchpilze und Feuerbrände wie bei den späteren Atombomben standen tagelang über der Stadt und konnten in der Höhe aus 200 km Entfernung gesehen werden. Auch die Amerikaner beteiligten sich mit 252 fliegenden Festungen an diesem Gemetzel.

Wir Nachtjäger hörten erst viel später, dass furchtbare Feuerstürme über die Stadt gerast waren, denen niemand entrinnen konnte. Die genaue Zahl der Toten hat man, wie auch in den anderen deutschen Städten, die in den nächsten Jahren das gleiche Schicksal erleiden sollten, nie genau feststellen können.

▼ *Nach Hamburg neues Suchgerät SN2 für Me 110*

Der englische Historiker Martin Middlebrook gibt in seinem Buch „The Battle of Hamburg“ an, dass etwa 45400 Hamburger bei diesen Angriffen ihr Leben lassen mussten, davon 50% Frauen, 38% Männer und 5400 Kinder (12%). Noch grausamer und furchtbarer wurde das Morden und Verbrennen von Unschuldigen dann nur noch in Dresden.

Middlebrook schreibt weiter, dass im Vereinigten Königreich Großbritannien während des ganzen Krieges insgesamt 51509 Zivilisten durch deutsche Angriffe einschließlich der Vergeltungswaffen V1 und V2 ums Leben gekommen sind. Noch schlimmer haben die Amerikaner, ganz abgesehen von Nagasaki und Hiroshima, vom 9. bis 10.3.1945 in Tokio zugeschlagen. Hier gab es in Japans Hauptstadt mehr als 90000 Tote während eines „normalen“ Bombenangriffs durch Boeing-Bomber. Etwas, das der breiten Öffentlichkeit in Europa weithin unbekannt war. Die Atombomben wurden erst später geworfen.
Was sind schon diese nackten Zahlen? Welches entsetzliche Sterben, Ersticken, Verbrennen und auf immer Verschüttet- und Erschlagensein für den Einzelnen steckt dahinter. In Hamburg wurden über 2000 Verschüttete nie gefunden!

Wir sahen nach dem Krieg diese furchtbaren Fotos von den verkohlten Frauenleichen mit den zur Unkenntlichkeit verbrannten Babys in den Armstümpfen. Wir sahen die zu Hunderten aufgehäuften Leichen auf dem Marktplatz in Dresden und die entsetzlichen Bilder von den Konzentrationslagern. Und wollten es erst gar nicht glauben.

Warum rege ich mich als alter Mann so auf? Es ist doch alles lange vorbei und schon Historie. Beinahe wie der Dreißigjährige Krieg.

Ich schreibe es auf für meine Enkelkinder. Sie sollen wissen, wie es damals gewesen ist und wo ihr Opa gesteckt hat in dieser dunklen Zeit deutscher Geschichte.

Hoffentlich erleben sie nie so etwas und hoffentlich haben sie immer Verständnis für die Leiden ihrer Mitmenschen, ganz gleich in welchem Land sie wohnen, welcher Hautfarbe sie sind und welcher Religion sie angehören.

X

18. 8. 1943 RAF-Angriff auf Berlin und Peenemünde. Erster Abschuss.

Der 18.8.1943 begann wie alle Abende vorher mit der Einsatzbesprechung und dem Vortrag des Meteorologen über die Wettersituation. Der „Wetterfrosch" prophezeite eine helle Mondnacht mit wenig Wolken. Bei diesem Wetter kamen die viermotorigen Bomber meistens nicht, da wir Nachtjäger sie oft schon auf eine Distanz von 800 -1000 m erspähen konnten. Sepp Kraft meinte, das sei die „Nacht der langen Messer"! Am Nachmittag hatten wir unsere Me 110, meine hieß C9-KP, überprüft und noch einige Werkstatt- und Waffenjustierflüge durchgeführt.

So saßen wir denn in den halbdunklen Bereitschaftsräumen, sprachen über die letzten Einsätze, spielten Schach oder hörten Musik mit geschlossenen Augen. Einige ganz Eifrige aßen Möhren; der Stabsarzt hatte uns gesagt, dass darin Vitamin A sei, welches den Augen gut täte. Wer in den Nächten den anderen zuerst sah, der schoss auch zuerst und überlebte! Wir waren nie auf Nachtsehfähigkeit untersucht worden. Dies führte man erst gegen Ende des Krieges durch, wobei die Augenärzte dann feststellten, dass die Nachtjäger mit der besten Nachtsehfähigkeit und der schnellsten Adaption auch die meisten Abschüsse hatten. Kein Wunder, dass einige Besatzungen die ersten Feindflüge nicht überlebten, weil der Gegner bessere Augen hatte und sie zuerst sah.

Gegen 22 Uhr wurde Sitzbereitschaft angeordnet. Über der Nordsee waren Feinderfassungen gemeldet worden. Aber niemand wusste natürlich, welche Stadt dran war. Wir eilten zu den Maschinen, jetzt in Kombination, mit Pelz-

▲ *Start einer A 4 in Peenemünde vor dem englischen Angriff 1943 zu Versuchszwecken*

stiefeln, FT-Haube und Atemmaske und warteten mit Bordfunker und Heckschütze auf den Startbefehl. Ich weiß nicht, wieviele Stunden und Tage wir bei jedem Wetter oft bis zum Morgengrauen in den Maschinen gesessen und gewartet haben. Noch wenige Wochen zuvor starteten zuerst die erfahrenen Besatzungen in die Nachtjagdräume, um die Bomber vorzeitig abzufangen. Seit dem Hamburg-Desaster und der Ausschaltung der deutschen Radargeräte durch Aluminiumstreifen war das vorbei. Jetzt war freie Jagd angesagt; jetzt starteten wir meist alle, auch die jungen Besatzungen, der Reihe nach und sammelten uns an einem Funkfeuer. Von dort sollten wir dann von einer zentralen Bodenstelle in den Bomberstrom geführt werden. Dieses Verfahren hatte den Namen „Zahme Sau" zum Unterschied zur „Wilden Sau".

Ein bewährter Offizier und exzellenter Pilot der Kampffliegerei, Hajo Herrmann, ein alter Haudegen, wie sie die Kriege seit jeher immer wieder hervorbringen, hatte Göring und der obersten Luftwaffenführung empfohlen, zusätzlich zur zweimotorigen Nachtjagd, einmotorige Me 109 und FW 190 über dem brennenden Objekt einzusetzen. Das war dann die „Wilde Sau"– die uns Zweimotorige oft genug durch wilde Kurbelei in Schrecken versetzte. Beide Verfahren haben der RAF in den nächsten Monaten sehr zu schaffen gemacht. Es war nach Hamburg eine Antwort an Harris auf seine rücksichtslose Bombardierung unserer Städte und kostete die RAF bis zum Ende des Krieges 55000 junge Flieger aus allen Teilen des Commonwealth.

Die RAF erschien in den nächsten Monaten nicht mehr vereinzelt, sondern in gebündelten Bomberströmen von 400 - 800 Viermotorigen, die sich zur Verwirrung der deutschen Flugabwehr oft teilten, verschiedene Städte angriffen und zuerst von etwa 30, später von mehr als 100 zweimotorigen Jägern, den schnellen Mosquitos, begleitet wurden. Es zeichnete sich schon jetzt ab, dass moderne Kriege durch Produktionszahlen mit massivem Einsatz von Material, Waffen und Munition und nicht durch die Tapferkeit Einzelner entschieden werden. Nach dem Ruhrgebiet, nach Köln, Hannover und Nürnberg war jetzt Berlin an der Reihe.

Am 17. Aug. 1943 war es offenbar so weit. Etwa eine Stunde vor Mitternacht erhielten wir in Parchim Startbefehl zum Funkfeuer Berta westlich von Berlin. „Warten Sie! Warten Sie! Angriff auf Berlin!", rief uns die Bodenstelle zu. Ich flog in einer Höhe von 6000 Meter über der Stadt, erkannte keine besonderen Aktivitäten in dieser klaren Nacht, lediglich hunderte von Suchscheinwerfern, nervöses Flakfeuer, heftige Leuchtsignale in der Luft, aber keine Bodenbrände. Immer wieder die Zentrale: „Warten Sie über Berta - warten Sie!"

▲ *Englischer viermotoriger Bomber: „Halifax"*

Wie ich nach dem Krieg dem Buch des englischen Historikers Middlebrook „The Peenemünde Raid“ entnommen habe, befanden sich zu diesem Zeitpunkt 213 Nachtjagdmaschinen in Warteposition über Berlin, festgehalten von 8 Mosquitos, die allerlei Leuchtzeichen und tausende von Aluminiumstreifen vom Himmel warfen, um einen Bomberangriff vorzutäuschen.

Da sah ich im Norden in Richtung Stettin – etwa 200 km weg – Leuchtkaskaden und die berühmten „Christbäume“ der englischen „Pfadfinder“ und bereits schon die ersten Bodenbrände. Nichts wie hin!! Das sollte mir nicht noch einmal passieren wie in Hamburg, wo man mich auch festgehalten hatte. Ich drückte die Maschine mit Vollgas an und flog mit mehr als 500 km/h auf die Rauchwolken und das Feuer zu.

Die Engländer hatten wieder einmal die ganze deutsche Flugabwehr getäuscht. Während die acht Mosquitos über Berlin ein großes Feuerwerk veranstalteten, waren über Dänemark 596 viermotorige Bomber auf einen kleinen Ort namens Peenemünde eingeflogen, wo sich, völlig unbekannt für uns alle, eine Versuchsanstalt und Produktionsstätte von Raketen (V1 und V2) mit Wernher von Braun befand. Ich brauchte knapp eine halbe Stunde. Als ich dort über einer erleuchteten Wolkenbank bei besten Sichtverhältnissen ankam, entdeckte ich sofort eine Viermotorige. Augenblicklich griff ich von hinten oben an und schoss zwischen die beiden Motoren auf Backbordseite, wo die Flächentanks waren. Die Fläche brannte sofort. Keine Gegenwehr.
Jetzt nach rechts ins Dunkle und abwarten, ob das Feuer erlischt. Die Lancaster brannte weiter und ging in einen geneigten Flug über. Ich folgte ihr und konnte gerade noch über den Wäldern abfangen, als die Viermotorige brennend aufschlug. Das Ganze hatte kaum zwei Minuten gedauert.

Die Angriffshöhe der Engländer in Peenemünde war viel geringer als sonst gewesen. Ich war auf einmal ziemlich locker, es war, als hätte sich die ganze Anspannung gelöst, die ich seit Monaten mit mir herumgetragen hatte. Keinen Moment habe ich an die Männer da drinnen in der Lancaster gedacht. Mein Bordfunker Uffz. Kiel teilte mir die Position mit, wir befanden uns bei Hanshagen, unweit von Greifswald, wo unsere 9. Staffel lag. Da schon knapp an Kraftstoff, landete ich dort. Mein alter Freund, Leutnant(ing) Rudi Thun, später promovierter, hochgeachteter Physiker bei Raytheon in USA, besorgte mir auf dem Fliegerhorst Greifswald eine 750er BMW mit Beiwagen und ich fuhr mit meinem Funker zum 15 km entfernten Hanshagen zur Aufschlagstelle.

▲ *Englischer viermotoriger Bomber: „Lancaster“*

Wir konnten den Rauch von weitem sehen, der aus den Trümmern emporstieg. Da stand ich nun und sollte mich eigentlich wie Richthofen im ersten Weltkrieg fühlen. Im Führersitz der immer noch qualmenden Lancaster hing der verkohlte Leichnam des Piloten. Die anderen kaum erkennbaren Körper lagen verstreut in den Resten des Flugzeugrumpfes. Es stank entsetzlich. Die ganze Tragweite des Geschehens ist mir damals gar nicht zu Bewusstsein gekommen. Ich fühlte mich als Sieger und Rächer meines Volkes. Ein Nachrichtenoffizier teilte mir mit, dass es einen Überlebenden gegeben habe. Den musste ich sehen.

Dieser junge Mann in einem weißen Pullover, etwa in meinem Alter, groß, gerade, mit offenem Gesicht, stand da am Feuerwehrhaus des Ortes, bewacht von einem Landwehrmann. Ich ging auf ihn zu und sprach ihn mit meinem Schulenglisch höflich an. Er nannte seinen Namen Sergeant William Sparkes von Portsmouth und seine ID-Nr.. Er nahm wohl an, ich sei der Vernehmungsoffizier. Er machte seine Angaben entsprechend der Genfer Konvention. Erst als ich mich als Nachtjäger zu erkennen gab, wurde er gesprächiger und ich fand heraus, dass er wohl der Heckschütze gewesen war und mich nicht gesehen hatte. Ich bedauere heute, dass ich mich nicht freundlicher verhalten habe.

Der schon erwähnte englische Historiker Middlebrook stellte 20 Jahre nach dem Krieg eingehende Untersuchungen über diesen Luftangriff auf die Raketenstation Peenemünde an, er interviewte mich zu Hause. Ich erinnerte mich an den Namen Sparkes von Portsmouth. Middlebrook fand Sparkes durch Zeitungsanzeigen und lässt ihn in seinem Buch berichten:

„We kept going down... ich nahm an, wir würden bald abfangen, aber es ging immer weiter hinunter, immer tiefer, tiefer. Wie erhielten Anweisung, uns auf eine Evakuierung vorzubereiten. Mein Auftrag war, die Frontklappe zum Ausstieg zu öffnen. Ich tat dies, musste aber vorher ganze Bündel von Aluminiumstreifen entfernen. Nach dem Öffnen der Austiegsklappe hörte ich den Befehl zumVerlassen des Flugzeuges. Da ich so beschäftigt war, habe ich die Flughöhe nicht beobachtet und auch nicht festgestellt, welche Schäden das Flugzeug hatte und was der Rest der Crew machte. Ich weiß nur, dass es für mich keinen Zweifel gab, sofort abzuspringen – ohne Verzögerung. Ich erinnere mich, dass die Situation ganz schrecklich war. Im Training hatten wir immer geübt, dass die Crew jetzt einer nach dem anderen aussteigen sollte. Ich habe mich immer gefragt, warum die anderen nicht hinter mir waren.

◀ *Reste eines abgeschossenen RAF - Bombers*

▼ *Trümmer einer abgeschossenen englischen Viermotorigen*

Unter den Überlebenden in Greifswald habe ich immer nach meiner Besatzung gesucht, aber keinen gefunden. Ich wunderte mich, ob sie es vielleicht geschafft hatten, ohne mich nach England zurückzukehren. Ich habe nie richtig verstanden, dass sie alle tot waren."

Ich kann mir heute die Gefühle des Sergeanten gut vorstellen. Genau wie bei uns waren die Besatzung und die Staffelkameraden eine verschworene Gemeinschaft, die wie Pech und Schwefel zusammenhielt. Das stundenlange Fliegen in der Nacht, die dauernde Angst vor plötzlichen Angriffen aus dem Dunkel, das Flakfeuer, die Scheinwerfer, die wie Leichenfinger nach uns Fliegern suchten, die Turbulenz, das Wetter mit Vereisung und Gewittern, verwundete oder verletzte Kameraden an Bord – all das schweißt zusammen. Und dann sind sie plötzlich nicht mehr da und kehren nicht vom Flug zurück. Vermisst, unauffindbar, verstümmelt, verbrannt. Was tun sich die Menschen da nur an?

Die RAF-Besatzungen flogen meist nicht mehr als 30 Einsätze nach Deutschland, Italien oder Frankreich. Die Belastungen auf den Langstreckenflügen von acht oder zehn Stunden waren unvorstellbar. Oft genug sahen die Engländer ihre Kameraden neben sich brennend abstürzen. Die Jäger waren schneller und wendiger. Die deutsche 2 cm Kanonen-Munition tödlicher als das englische MG. In Einzelfällen, bei Ladehemmung, genügte von uns ein 2 cm-Geschoss in den Flächentank, um den Bomber zum Absturz zu bringen. Die englischen Navigatoren, Flugingenieure und Bordschützen bewegten sich in den Pelzkombinationen auf engstem Raum, in Flugzeugen ohne Druckkabine und ohne Heizung. Im Gegensatz zu uns wurde der Fallschirm nicht angeschnallt, sondern musste im Notfall erst angelegt werden.

Genau wie wir hatten sie sich aus Idealismus, aber auch aus Abenteuerlust und Freude am Fliegen freiwillig zur RAF gemeldet. Nur die wenigsten RAF-Flieger erreichten ihr Soll von 30 Feindflügen. Die Verluste an Bombern betrugen oft 5% und mehr bei einem Einsatz, da war nach der Statistik das Überleben bei 20 Flügen nur noch Glückssache. Bei uns deutschen Fliegern gab es keine Begrenzung der Anzahl von Nachteinsätzen. Über hundert oder zweihundert Feindflüge, mehrmalige Verwundung sowie vier und mehr Fallschirmabsprünge waren bei uns keine Seltenheit. Peter Hinchliffe, der schon erwähnte Autor des Buches „Luftkrieg bei Nacht", schreibt:

„Die deutschen Luftwaffenbesatzungen kannten keine Höchstzahl an Einsätzen, nach denen man ausgetauscht wurde, wie das bei der RAF der Fall war.

▼ *Ein abgeschossener, notgelandeter viermotoriger RAF - Bomber*

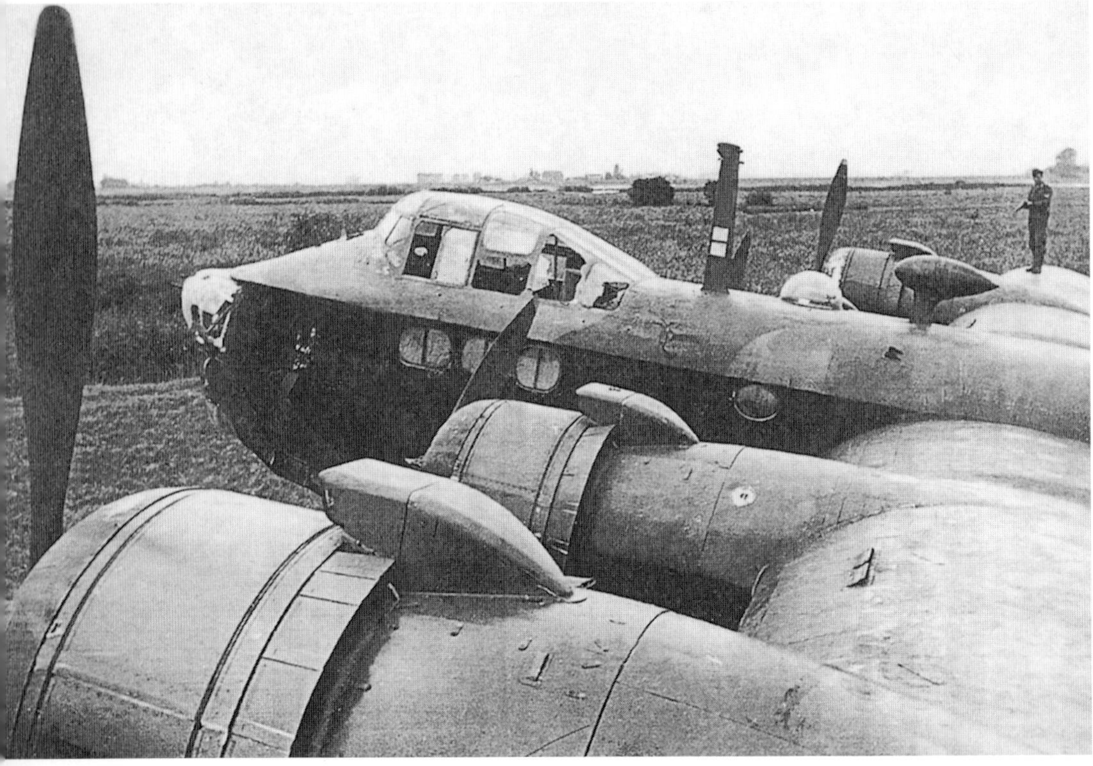

Sie flogen, bis sie entweder starben, verwundet wurden, sich bei Unfällen schwer verletzten oder – äußerst selten – auf einen ruhigen Posten versetzt wurden."

Im Jahre 1978, fünfunddreißig Jahre nach Peenemünde, erhielt ich ungewollt Post mit Einzelheiten über die Lancaster, die ich bei Peenemünde abgeschossen hatte. Ein deutscher Historiker teilte mir Details mit:

Lanc JA 879 of 44 (Rhodesia) Sqdn, based at Dunholme Lodge Near Lincoln

Pilot	*Sgt. W.J.Drew*	*– age unknown-*	
	Sgt. J.D.M. Reid	*– 19 years –*	*from Scotland*
	Sgt. S.I. Rudkin	*– 21 years –*	*from Leicester*
	Sgt. J.T.Jopling	*– 23 years –*	*from London*
	Sgt. C.E. James	*– age unknown –*	
	Sgt. J.H. Basselt	*– 20 years –*	*from London*
ein Überlebender:	*Sgt. Bill. Sparkes*	*– 22 years –*	*from Portsmouth*

Ich sah mir diese Liste lange an, überlegte und ich gebe zu, mir kamen die Tränen und ich war innerlich tief bewegt. Mein Gott, was hatte ich da getan? Ich war inzwischen Vater von vier gesunden Jungen im gleichen Alter, auf die ich sehr stolz war und die gerade in Frankfurt studierten, der jüngere noch auf dem Gymnasium in Königstein. Ich stellte mir vor, wie es in meiner Frau und mir aussähe, wenn wir einen dieser Jungen jetzt in einem Krieg verlieren würden. Wie müssen sich die Eltern in Schottland, England oder Rhodesien gefühlt haben, als man ihnen mitteilte, dass ihre Söhne über Deutschland vermisst seien. Wer denkt im Krieg überhaupt an die Eltern und Mütter, die ihre Liebe und Hoffnung in das Leben ihrer Kinder gesetzt haben?

Für mich war der Krieg mit Peenemünde noch lange nicht zu Ende. Er sollte noch fast zwei Jahre dauern.

XI

23.8.1943 Angriff auf Berlin – Fallschirmabsprung –

Nur sechs Tage nach dem Angriff auf Peenemünde begann Sir Arthur Harris die von ihm und Churchill lang geplante Zerstörung von Berlin – die Luftschlacht um Berlin. Er sollte, großmäulig wie sein Widerpart, der deutsche Reichsmarschall, den berühmten Satz sprechen:

„We can wreck Berlin from end to end. Wir können Berlin zertrümmern vom Anfang bis zum Ende, wenn die US-Airforce mitmacht. Es wird uns zwischen 400 - 500 Bomber kosten. Es wird Deutschland den Krieg kosten." (nach Max Hastings: „Bomber Command").

Er wusste sehr wohl, dass die US Air Force zu diesem Zeitpunkt dazu nicht imstande war, weil die Langstreckenjäger als Begleitschutz noch fehlten. Außerdem hatte die US-Airforce schwere Verluste bei den Tagesangriffen auf Schweinfurt erlitten, wo deutsche Tagjäger insgesamt 60 von 291 angreifenden B 17, also mehr als 20% der viermotorigen „Fliegenden Festungen" abgeschossen hatten.

Um es kurz zu machen, Harris verlor bei den Nachtangriffen auf Berlin 1047 Bomber und musste im März 1944 seine massiven Nachtangriffe auf Berlin wegen zu hoher Verluste einstellen. Wieder einmal hatte ein Marschall den Mund zu voll genommen und tausende von jungen Fliegern in den Tod geschickt.

Auf Grund der hohen Verluste, oft mehr als 50 Maschinen pro Nachteinsatz – am 23.8.1943 wurden nach Angaben des britischen Historikers Middlebrook

▲ *Alarmstart einer Me 110, Pilot und Funker mit Sitz- und Rückenfallschirm*

62 Viermots der RAFabgeschossen – war die Moral der englischen Besat-zungen stark gesunken. Der Einsatz auf Berlin (the big city) war gefürchtet. Ich habe nach dem Krieg mit einigen dieser Piloten gesprochen. „We hated these missions“ (– wir hassten diese Feindflüge nach Berlin), sagten sie.

In dieser Nacht, am 23.8.1943, bekamen wir Nachtjäger in Parchim rechtzeitig Startbefehl und in der Luft sahen wir gleich: dieses Mal war Berlin dran! Am Boden in der großen Stadt, brannte es lichterloh, erst die Detonationen der Sprengbomben und dann in die aufgerissenen Häuser hinein die Phosphorbrandbomben. Es war ein Inferno sondergleichen. Hunderte von Scheinwerfern ragten zu uns herauf und bewegten sich am Himmel wie Leichenfinger und Geisterhände, blendeten Freund und Feind gleichermaßen. Die Flak schoss wie wild bis 3000 Meter Sperrfeuer, darüber „Wilde und Zahme Sau“. Manchmal sah ich zur gleichen Zeit 30 - 40 Flugzeuge herumkurbeln. Überall Leuchtspurmunition, Leuchtkaskaden in allen Farben, Erkennungssignale der Nachtjäger, wenn sich die Flak auf einen von ihnen eingeschossen hatte. Gewaltige Rauchwolken, die grell beleuchtet in den Himmel stiegen. Weiße Kondenzstreifen überall; und unten die fürchterlichen Explosionen.

Eine Lancaster versuchte mit einem Looping dem Scheinwerferkegel zu entfliehen. Ich hatte den Eindruck, jeder schoss auf jeden. Ich mittendrin – es war die Hölle – Dantes Hölle! Es gibt Träume, die wiederholen sich immer wieder – diese Nacht ist seit fast 60 Jahren mein Alptraum, der sich alle Monate wiederholt und von dem ich nicht loskomme.

In Middlebrooks Buch „The Berlin Raids“ überlässt die Witwe eines Sergeanten der RAF, namens Newton, dem Verfasser dieses Buches die Tagebuchnotizen ihres Mannes. Sgt. Newton schrieb über diese Nacht am 23.8.43:

„Als erstes mussten wir durch die Mauer von Scheinwerfern fliegen, da waren hunderte von Lichtkegeln gebündelt zu einem Lichterwall und hinter dieser Mauer ein noch wilderes Feuer, rot, grün und blau leuchtend. Es war ganz klar, hinter diesen Scheinwerfern war das Ziel und die Hölle!“

Von der dritten Maschine, die ich angegriffen hatte, ich konnte den Bordschützen in der hellen, brennenden Nacht gut erkennen, erhielt ich heftiges Feuer. Der Rumpf meiner Me 110 brannte sofort, wir mussten aussteigen. Zwei Tage später diktierte ich der Krankenschwester – ich lag im Streckverband – meinen Gefechtsbericht für Staffelkapitän Wim Johnen:

Leutnant S p o d e n ,
z.Zt.Res.Laz.101 Berlin
Chir.Abt.Station 9a

Charlottenburg, 25.8.43
Spandauer Chaussee 11

G e f e c h t s b e r i c h t .

Am 23.8.43 startete ich wie befohlen zum Einsatz über Berlin mit der Bf.110 Ga - K.P. Nach etwa einer Stunde Flugzeit sah ich im Scheinwerferlicht ein viermotoriges Feindflugzeug mit Doppelleitwerk. Ich gab mehrere Feuerstösse auf etwa 200 m Entfernung ab, sodass das Fligzeug brennend abstürzte. Die nächste Feindberührung fand in 4000 m Höhe über der Stadt statt. Die Wirkung der Feuerstösse konnte aber nicht beobachtet werden. Als letztes Feindflugzeug machte ich eine Short - Stirling aus, die auf mich einkurvte,sodass ich von vorn angreifen musste. Die eigenen Feuerstösse sassen so gut, dass das Flugzeug sich steil dem Boden näherte. Dabei schoss der feindliche Heckschütze auf das eigene Flugzeug und brachte eine Anzahl von hörbaren Treffern im Rumpf bei, sodass dieser zu brennen anfing. Ich selbst empfing einen Steckschuss mit Zertrümmerung des linken Oberschenkels. Ich erkundigte mich sofort über das Befinden der Besatzung, erhielt aber keine Antwort mehr. Alsdie Hitze von hinten unerträglich wurde, befahl ich 4 bis 5 Mal laut und deutlich "aussteigen". Nachdem eine Zeit verstrichen war, warf ich das Kabinendach weg und stieg aus. Ich blieb am Leitwerk hängen und kam unter Aufbietung aller Kräfte durch den verwundeten Oberschenkel erst in 1000 m Höhe frei. Nach Ziehen des Fallschirms wurde ich besdnnungslos und fand mich erst später in einem Luftschutzkeller Grunewalddamm 69 wieder.

Spoden

▲ *Gefechtsbericht vom 25.8.43*

Leutnant Spoden,
z. Zt. Res. Laz.101 Berlin
Chir. Abt. Station 9a

Charlottenburg, 25.8.43
Spandauer Chaussee 11

Gefechtsbericht

Am 23.8.43 startete ich wie befohlen zum Einsatz über Berlin mit der Bf. 110 C9-KP.
Nach etwa einer Stunde Flugzeit sah ich im Scheinwerferlicht ein viermotoriges Feindflugzeug mit Doppelleitwerk. Ich gab mehrere Feuerstöße aus etwa 200 m Entfernung ab, sodass das Flugzeug brennend abstürzte. Die nächste Feindberührung fand in 4000 m Höhe über der Stadt statt. Die Wirkung der Feuerstöße konnte aber nicht beobachtet werden. Als letztes Feindflugzeug machte ich eine Short-Stirling aus, die auf mich einkurvte, sodass ich von vorne angreifen musste. Die eigenen Feuerstöße saßen so gut, dass das Flugzeug sich steil dem Boden näherte. Dabei schoss der feindliche Heckschütze auf das eigene Flugzeug und brachte eine Anzahl von hörbaren Treffern im Rumpf bei, sodass dieser zu brennen anfing. Ich selbst empfing einen Steckschuss mit Zertrümmerung des linken Oberschenkels. Ich erkundigte mich sofort nach dem Befinden der Besatzung, erhielt aber keine Antwort mehr. Als die Hitze von hinten unerträglich wurde, befahl ich 4 bis 5 Mal laut und deutlich „aussteigen". Nachdem eine Zeit verstrichen war, warf ich das Kabinendach weg und stieg aus. Ich blieb am Leitwerk hängen und kam unter Aufbietung aller Kräfte, durch den verwundeten Oberschenkel, erst in 1000 m Höhe frei. Nach Ziehen des Fallschirms wurde ich besinnungslos und fand mich erst später in einem Luftschutzkeller Grunewalddamm 69 wieder.

gez. Spoden

Mein Bordfunker Uffz. Kiel war mit dem Fallschirm recht gut freigekommen und landete auf dem Dach eines Hauses mitten in Berlin. Mein Bordschütze hinten, Uffz. Ballweg, muss von den ersten feindlichen Geschossen tödlich getroffen worden sein, er wurde tot in den Trümmern der Maschine gefunden. Es gab damals noch keine Schleudersitze wie heute. Gerade die Me 110 war berüchtigt für schwieriges Aussteigen, es sind mit Sicherheit über hundert deutsche Piloten beim Fallschirmabsprung aus Me 110 oder Me 109 mit Kopf oder Leib gegen das Leitwerk geschlagen, und nicht mehr freigekommen.

Wohnung, die Pirsch auf den abschußreifen Birk- und Auerhahn ist ihm lieber. Abends, bevor er von seiner Dienstwohnung nach dem nahen Fliegerhorst fährt, tritt er mit leisen Sohlen an das Bett seiner zweijährigen Tochter. — Lent, der Pastorensohn aus Mitteldeutschland, Träger des Eichenlaubs mit Schwertern, hatte bis zum Frühjahrsbeginn seine Nachtjagdabschußziffer auf siebenundachtzig erhöht. Wesentlichen Anteil an diesen Erfolgen hat sein Bordfunker Feldwebel Walter Kubisch, der kürzlich mit dem Ritterkreuz ausgezeichnet wurde (Bild oben)

Der Leitwerk-Reiter... Leutnant Peter Spoden, 22 Jahre alt, hat durch Verwundung im nächtlichen Luftkampf ein um 4 cm verkürztes Bein. Die Militärärzte wollten ihn nicht wieder fliegen lassen. Er setzte aber seinen Willen durch, drei Tage nach dem Genesungsurlaub flog er wieder, acht Tage später, als wir ihn besuchten, hatte er zwei weitere britische Bomber heruntergeholt. Seine Kameraden nennen ihn seit seiner Verwundung nur den „Leitwerk-Reiter".

Spoden erzählt diese Sache so: „Es war über Berlin. Ich hatte der Flak ein bißchen Konkurrenz gemacht und im Scheinwerferlicht schon zwei ‚Lancaster' abgeschossen. Dachte mir, Hauptsache ist, daß sie runterfallen. Dann kam die dritte im Scheinwerfer angeflogen. Es war eine ‚Short Stirling'. Sie wissen, ziemliches Scheunentor und viermotorig. Ich griff an und merkte beim Wegziehen, daß meine Maschine Treffer im Rumpf hatte, links und rechts schlugen Flammen heraus, die Verständigung mit dem Funker war ausgefallen, ich schrie: ‚Raus!', aber er war schon ausgestiegen. Sein Kabinendach war weg, auch meins flog davon. Wie ich aussteigen will, hakt sich irgendetwas an meinem Bein fest. Schon halb draußen, muß ich wieder zurück, reiße irgendetwas ab. Die Flammen waren schon am Fallschirm. Na, Prost erst mal. Unkraut vergeht ja nicht!

Meine Mühle drehte sich also wie ein Karussell, irgendwie komme ich raus, 5000 Meter hoch, bin wohl mehr geschleudert als gesprungen und knalle hinten gegen das Leitwerk. Dabei merke ich, daß ich im Scheinwerferstrahl bin. Der Fahrtwind drückte mich am Leitwerk fest, ich ruderte mit Armen und Beinen und konnte doch nicht nach oben und nicht nach unten freikommen. So ging es also weiter abwärts. Jemand schwitzte Angst dabei, das war der Offizier der Scheinwerferbatterie. Er besuchte mich am anderen Tag im Lazarett. Von ihm weiß ich auch, daß ich erst in etwa 1500 Meter Höhe frei kam. Er hat geglaubt, mir mit seiner Beleuchtung am besten helfen zu können.

Na, jedenfalls bekam in der Höhe die Maschine eine andere Drehung, und ich flog nach hinten weg. Jetzt warten — jetzt warten, dachte ich nur, zählte schnell von 20 bis 25 und zog dann den Fallschirm. Er drehte sich und mich mit, eine Bahn war aufgerissen — der Brand, wissen Sie? Dann fiel ich durch Rauch und Qualm und verlor die Besinnung. Als ich erwachte, lag ich auf der Straße zwischen brennenden Häusern. Die Flak schoß. Man brachte mich in einen Keller und gab mir Kognak ‚Noch einen', sagte ich immer, ‚noch einen'..."

▲ *Aus der Zeitschrift „Signal" Nr. 8/44*

Der nüchterne Gefechtsbericht sagte natürlich nichts über meine Angst und Not, als ich am Leitwerk hing und nicht freikam. Ebensowenig wie der Propagandabericht in der Nr. 8/44, der fürs Ausland bestimmten Zeitschrift „Signal" über den „Leitwerkreiter". Ich weiß nur noch, dass ich in meiner Todesangst an meine Mutter gedacht und wie viele junge Soldaten nach ihr gerufen habe. Meine Eltern besuchten mich einige Tage später im Lazarett. Vater meinte, der Krieg sei für mich vorbei. Er irrte wieder einmal. Ich wollte unbedingt zurück zur Staffel. Sepp Kraft holte mich mit unserem Gruppenflugzeug, einem Fieseler Storch, bald aus dem bombengefährdeten Berlin und flog mich zum Lazarett nach Parchim. Jeden Tag übte ich mit dem kürzeren Bein mit und ohne Krücken, das Gehen.

Genau 3 Monate später, am 23.11.1943, erwischte ich wieder eine Lancaster um 2002 Uhr im Anflug auf Berlin. Dieses Mal, und dafür schäme ich mich noch heute, schoss ich nicht in die Fläche, sondern lange und anhaltend in den Rumpf, bis die Lancaster explodierte und in vielen brennenden Teilen zum Boden fiel.

XII

Besuch des Reichsmarschalls Hermann Göring bei den Nachtjägern

Ich weiß den Tag nicht mehr genau, es muss im späten Herbst 1943 gewesen sein, einige Wochen nachdem ich seit meiner Verwundung wieder im Einsatz war – die Luftschlacht um Berlin befand sich auf dem Höhepunkt – als das ganze Nachtjagdgeschwader, mehrere hundert Mann, zu einer Besichtigung durch den Reichsmarschall angetreten war.

Es war eine dieser bekannten militärischen Zeremonien mit Antreten und Marschieren im Gleichschritt, Grundstellungen, lauten Kommandotönen, kurzen und zackigen Meldungen, die vor allen Dingen auf junge Menschen einen großen Eindruck ausüben. Den Gipfel dieser Art von militärischen Paraden stellt der „Große Zapfenstreich" dar, bei dem getragene Kirchenmusik der Militärkapellen und dumpfe Trommelwirbel für die rechte Stimmung sorgen. Sogar heute als alter Mann, mit mehr Sentiment als früher, spüre ich immer noch ein gewisses körperliches Erschauern, wenn ich im Fernsehen beim Zapfenstreich diese jungen Männer sehe und die Musik höre: „Ich bete an die Macht der Liebe!". Welche Art von Liebe ist das, wenn man die jungen Soldaten mit Trommeln und Musik womöglich zum Töten und zum Sterben vorbereitet?

Wie sagte Leo Tolstoi so teffend: *Hole einen Jungen aus dem Elternhaus, stecke ihn in eine Uniform, gib ihm ein Gewehr und lasse ihn hinter der Trommel hermarschieren – er kann zum Mörder werden!*

Der Reichsmarschall erschien in einer Kolonne von offenen Mercedeskarossen, begleitet von vielen Generalen in tollen Uniformen, stieg aus und begrüßte

▲ *Besuch des Reichsmarschalls Hermann Göring bei den Nachjägern*
▼

uns: „Heil Flieger!", „Heil, Herr Reichsmarschall!", riefen wir donnernd entgegen. Er war ein stattlicher, wohlbeleibter Herr, mit Orden behangen, die er gegen Kriegsende aus Protest ablegen sollte. Seine zündende Rede lautete wie üblich: Durchhalten, Weiterkämpfen, es geht um unser Volk, wir werden siegen!

Es ist heute sehr einfach, den jungen Männern von damals ihr Verhalten und ihre leichtfertige Gläubigkeit vorzuwerfen.

Dieser Mann war im ersten Weltkrieg mit Richthofen und Udet ein bekannter Jagdflieger gewesen. Er hatte, nachdem uns das die Alliierten für Jahrzehnte verboten hatten, eine neue Luftwaffe aufgebaut und als Luftverkehrsminister die Deutsche Lufthansa, eine der größten europäischen Luftverkehrsgesellschaften vor dem Krieg, weiter entwickelt. Die Me 109 war 1938 das schnellste Jagdflugzeug der Welt. Die FW 200, das viermotorige Verkehrsflugzeug, flog vor dem Krieg als Passagierflugzeug in 20 Stunden non-stop von Berlin nach New York, wozu die Amerikaner mit ihren Wasserklippern nicht in der Lage waren und demzufolge und sicher auch aus politischen Gründen, ein zweiseitiges Abkommen ablehnten. Die Amerikaner schafften solche zivilen Langstreckenflüge mit DC 4 und Constellation nach dem Krieg erst Ende der fünfziger Jahre. Görings technischer Berater, der bekannte Flieger Ernst Udet, war in den USA gewesen und hatte dort Kontakte gepflegt. Der berühmte Ozeanflieger Lindbergh hatte Göring mehrere Male besucht und bewundernde Artikel über die neue deutsche Fliegerei geschrieben.

Zurück zu Görings Besuch bei uns: Der Reichsmarschall schritt also nun die Front der stramm stehenden Flieger ab und unterhielt sich mit vielen von uns. Bei mir zeigte er auf das Verwundetenabzeichen und wollte wissen, wo ich das erworben hatte. „Bin vom Engländer abgeschossen worden, über Berlin, Herr Reichsmarschall." „Wo, mein Sohn?" „Grunewalddamm 69". Er lachte, packte in seine rechte Manteltasche und gab mir das Eiserne Kreuz erster Klasse.

Neben mir stand eine dreiköpfige Besatzung, die ebenfalls verwundet, abgeschossen und ausgestiegen war. Er fragte wieder, zuerst den Flugzeugführer, einen Feldwebel. Der antwortete: „Ich bin von der Flak in Bremen abgeschossen worden." Der Reichsmarschall brummte nur unwillig, der Feldwebel bekam natürlich keinen Orden. Der Nächste war der Bordfunker dieser Besatzung. „Woher haben Sie denn das Verwundetenabzeichen?" „Herr Reichsmarschall, von der Flak Bremen abgeschossen!" Göring bekam einen roten Kopf und rief

▼ *Göring begrüßt einen Oberfeldwebel*

nach dem General der Flak. „Herr General“, so rief er über den ganzen Platz, „was machen Sie mit meinen Jungens?“ Uns schwante Unheil. Göring hatte offenbar gar nicht mitbekommen, dass es sich lediglich um *eine* Besatzung und nicht um drei verschiedene Flugzeuge handelte. Als der Bordschütze an der Reihe war, stammelte dieser nur: „Flak Bremen, Herr Reichsmarschall!“ Göring wandte sich mit hochrotem Kopf dem General der Flakartillerie zu: „Herr General, wissen Sie, was ich mache, wenn das noch mal passiert?“ – „Nein, Herr Reichsmarschall!“ – „Ich lasse Ihnen das Verwundetenabzeichen in den Arsch reinbrennen!!“ Jetzt war er wieder der alte, kaiserliche Offizier und Staffelkapitän im Richthofengeschwader des 1. Weltkrieges, der lospolterte und sich mit seinen Fliegern identifizierte.

Zum Schluss fragte Göring, ob jemand noch einen Wunsch habe. Ein Oberfeldwebel des Bodenpersonals antwortete sogleich, dass er gerne als Nachtjäger fliegen würde. „Der Mann fliegt heute Nacht Einsatz.“, sagte Göring an unseren Kommandeur gewandt. Poldi, unser Kommandeur, stieß mich an: „Spoden, frag schnell etwas Vernünftiges!“ Also ich ganz mutig: „Herr Reichsmarschall, wir hätten gerne aus der Marketenderei des Herrn Reichsmarschalls einige Flaschen Cognac!“ „Genehmigt, mein Sohn.“ „Heil Flieger.“ – „Heil, Herr Reichsmarschall.“, und Göring fuhr in seiner Karosse von dannen. Am nächsten Morgen landete tatsächlich ein Fieseler Storch in Parchim und der Flugzeugführer überbrachte dem Leutnant Spoden eine Kiste echten französischen Cognac der Marke Napoleon; sicher aus in Paris beschlagnahmten Beständen. Ich war ein angesehener Mann.

So etwas wirkte natürlich bei den meisten von uns. Göring war der populärste unter den Machthabern des Dritten Reiches. Unser „Hermann“, der macht das schon, so glaubten viele und vertrauten ihm. Aber im Gegensatz zu seinen Fliegern, hat er von den entsetzlichen Verbrechen im Osten gewusst und hatte diese zu verantworten.Und dafür ist er von den Alliierten nach seinem Selbstmord aufgehängt worden. Vae Victis!

XIII

Frühjahr 1944 - Tageseinsatz der Nachtjäger gegen viermotorige Boeing Fortress

Eine der vielen umstrittenen Entscheidungen des Oberkommandos der Luftwaffe unter Göring war es, die Nachtjäger mit neuen Raketenwaffen in Tagesangriffen gegen die stark bewaffneten viermotorigen B 17, die sogenannten „Fliegenden Festungen“ der 8. US-Flotte, einzusetzen. Die deutschen Tagesjäger hatten 1943 über Schweinfurt und Regensburg den Amerikanern schwere Verluste zugefügt, waren aber selbst durch die Masse der einfliegenden Bomber und der in Überzahl begleitenden Mustangs und Thunderbolts stark dezimiert worden. Die zweimotorigen langsameren Nachtjäger, mit den schweren Radarantennen, Zusatzgeräten und den Flammenvernichtern an den Auspuffrohren, waren den amerikanischen Einmots hoffnungslos unterlegen. Die Verluste auf unserer Seite waren immens, die ganze Aktion wurde im April 1944 abgebrochen.

Ich erinnere mich an einen Einsatz im Januar 1944, den wir mit insgesamt vier Me 110 unserer Parchimer Gruppe gegen etwa zwanzig B 17 über der Ostsee zwischen Rügen und der dänischen Küste, erlebten. Dr. Theo Boiten, ein holländischer Historiker, berichtet darüber in seinem Buch „Nachtjagd – Nighfighter versus Bomber“.

Wir flogen, unerkannt von den Jägern, von hinten an. Unter den Tragflächen der Me 110 befanden sich erstmals Raketensätze (20 cm Werfer). Die Idee des Angriffs war, mit dem Lichtenstein-Radar die Mitte des Bomberpulks auf genau 2000 m anzumessen – entsprechend der Einstellung der Raketen – dann abzufeuern und den Pulk von Bombern auseinanderzureißen. Ein solch

▲ *amerikanische Viermotorige*
▼ *Me 110 beim Tagesangriff*

mörderisches Vernichtungswerk geschieht heute mit Laser, Infrarot und GPS natürlich viel besser, wie viele Kriege nach 1945 gezeigt haben.

Bei einer Entfernung von etwa 3000 m sahen wir schon die helle Leuchtspur der amerikanischen Geschosse auf uns zufliegen. Noch näher heran hatten wir das Gefühl, in eine Brause, in eine Dusche hineinzufliegen. Ich erhielt viele Treffer in der Fläche, man konnte die Löcher sehen. Es war als wenn jemand der unsichtbar war, mit einem Finger dort hineindrückte. Ich war Nachtjäger, die Treffer nachts hatte ich Gott sei Dank nie gesehen, die zeigten uns erst die Mechaniker nach der Landung. Zwei der vier Me 110 meldeten Motorausfall, ich habe nie mehr etwas von den Besatzungen gehört. Die Ostsee war um diese Zeit verdammt kalt.

Bei 2500 m Entfernung gab ich als Schwarmführer Feuerbefehl. Nichts geschah! Kein Werfer ging los. Die elektrischen Leitungen zu den Raketen mussten getroffen sein oder die Anlage war nicht einsatzfähig. Ich drückte wie verrückt auf die Knöpfe. Jetzt wenigstens mit den vorderen Waffen auf den Pulk halten und schießen! Ich rührte bei Dauerbeschuss mit dem Steuerknüppel herum: Wirkung gleich null – da zeigte mein linker Motor eine weiße Rauchfahne – auch etwas, das mir bei Tageslicht neu war. Schnell abbrechen und Kurs deutsche Küste.

Die Küste erreichte ich mit nur einem Motor, wenige hundert Meter hoch über Kiel und befand mich zu meinem Schrecken plötzlich zwischen Absperrballons und Seilen. Auch hier half der liebe Gott mit dem großen Daumen. Es reichte noch zur Bauchlandung in meinem Heimathafen Parchim, Mecklenburg.

Die ganze Geschichte wäre gar nicht erwähnenswert – es ist hunderten von anderen Tag- und Nachtjägern in diesem Krieg unter oft viel schlimmeren Umständen passiert – wenn mich dieser Einsatz nicht etwa 20 Jahre nach dem Krieg wieder eingeholt hätte.

Ich flog 1962/63 in Tucson Arizona als Trainingskapitän auf Boeing 707, ein weitaus friedlicheres Flugzeug der berühmten Flugzeugwerke in Seattle, als die Boeing 17. Zur Ausbildung gehörten für unsere jungen Verkehrspiloten auch ILS-Anflüge, also simulierte Schlechtwetteranflüge, auf die nahegelegene amerikanische Airforce-Base Davis-Monthan, da Tucson zu dieser Zeit nicht mit einem Instrument-Lande-System ausgerüstet war. Der dortige Komman-

▼ *Me 110 beim Tagesangriff*

dant, General William C. Garland, war uns deutschen Fliegern wohlgesonnen. Wir wurden von ihm mit unseren amerikanischen Freunden der Boeing-Werke zu einem Offiziersessen auf der US-Basis eingeladen.

Das Essen war vorbei, man sprach beim Kaffee miteinander. Die Stimmung war gut. Da fragte der General, ob von uns deutschen Fliegern jemand bei den Tageseinsätzen gegen die B 17 eingesetzt gewesen wäre. Flugkapitän Werner Baake, Kurt Matzak und ich, alles frühere Nachtjäger, bejahten – warum auch nicht, der Krieg war fast 20 Jahre vorbei. Wir sahen keinen Grund unser damaliges Tun zu leugnen. Seine nächste Frage lautete, ob jemand von uns von einem Tagesangriff durch vier Me 110 – Nachtjäger im Januar 1944 über der Ostsee wisse.

Jetzt war ich an der Reihe. Ich beteuerte dem General sogleich, dass ich keine amerikanische Maschine getroffen und das ganze Unternehmen nur eigene Verluste gebracht hätte.

Er erwiderte: „Damned, wissen Sie, dass Sie meinen Kraftstofftank getroffen haben und ich als junger Offizier und Pilot der B 17G von der 612th Bomb Squadron mit dem schönen Namen „Carolyne“ kurz vor der englischen Küste wegen Kraftstoffmangels notwassern musste? Wir landeten zwischen zwei britischen Trawlern und es dauerte eine Stunde, bis man uns aus dem kalten Wasser herausgefischt hatte“.

Nun, wie es schien, war der General im Verlaufe des weiteren Abends nicht sonderlich böse, vor allen Dingen nicht nach den vielen Bourbons, die wir beide geschluckt haben. Denn er war nach diesem Einsatz gegen unsere Städte zu großen Ehren gekommen, während ich nach dem Krieg erhebliche Schwierigkeiten hatte, meine Verwundungen und meine Beinverkürzung als Kriegsbeschädigung anerkannt zu bekommen.

XIV

28.4.1944 Beinahelandung in der Schweiz Oblt. Johnen landet in der Schweiz

Im Frühjahr 1944 musste das britische Bomber Command die nächtlichen Bomberangriffe auf Berlin wegen zu großer Verluste durch die deutschen Nachtjäger einstellen. Daran hatten sich alle Nachtjagdgeschwader beteiligt, besonders aber NJG 1 in Holland. NJG 1 erzielte ab 1940 insgesamt 2209 Abschüsse von meist viermotorigen Nachtbombern. (Nach Gerhard Aders: Geschichte der Nachtjagd). Das britische Bomber Command unter Air-Marshal Harris war gezwungen, sich kürzere Ziele auszusuchen. So wurde denn unsere II. Gruppe unter Hauptmann Fellerer aus dem Berliner Raum ins Elsass nach Hagenau, jetzt wieder deutsch, verlegt, um die Angriffe der RAF auf den süddeutschen Raum abzufangen.

Am 28.4.1944 flogen mehrere hundert Viermotorige über Mittelfrankreich und die Schweiz auf Friedrichshafen zu, um die Stadt am Bodensee zu bombardieren. Die Schweizer konnten von der anderen Seeseite das Inferno und die Brände sehen; ihnen geschah nichts, außer dass in Romanshorn die Fensterscheiben, bei den heftigen Explosionen am anderen Ufer, zerbrachen.

Unsere II/NJG 5 startete mit neun Me 110 um 00.50 Uhr von Hagenau aus. Nicht alle Piloten hatten Feindberührung, weil die Luftlage am Boden und in der Luft ziemlich unklar war. Die RAF flog mit geringem Bombenabwurf gleichzeitig Scheinangriffe auf Stuttgart und Pforzheim, irritierte die Bodenorganisation und man vermutete einen Angriff auf Augsburg oder München, wie man uns auf Kurzwelle mitteilte. Auch ich ließ mich in der Luft davon leiten und glaubte an einen Angriff auf München, als ich mich endlich bei

▲ *Der in Dübendorf am 28. April 1944 notgelandete deutsche Nachtjäger mit den auffälligen Antennenanlagen*

schlechter Navigation verspätet über der brennenden Zeppelin-Stadt befand. Durch die Wolken sah ich einen langgestreckten See südwestlich des brennenden Objektes und glaubte den Starnberger See zu erkennen, so daneben war ich mit meiner Navigation. Also Kurs weiter nach Westen, um vielleicht doch noch ein Feindflugzeug beim Abflug zu entdecken.

Da erkannte ich unter mir ganze Scheinwerferbündel und erleuchtete Flugplätze, von denen dauernd grün geschossen wurde, also die Aufforderung sofort zu landen. Das ganze Feuerwerk am Boden machte mich misstrauisch und ich bat Uffz. Kiel, meinen Bordfunker, um eine genaue Position. Das ging damals natürlich nicht so elegant wie heute, wo das automatische GPS ständig Länge und Breite in Dezimalen anzeigt. Der Funker musste das Peilgerät mit Funkrahmen bewegen, Minimum des richtigen ungestörten Senders feststellen und alle missweisenden Kurse in die Karte einzeichnen. Der Kreuzungspunkt möglichst vieler Peilungen ergab dann den Standort. Alte Seeleute kennen das noch heute. „Herr Leutnant, wir sind über der Schweiz!" rief er ganz aufgeregt, weil das uns deutschen Fliegern natürlich strengstens verboten war. Also schnell Nordkurs auf Hagenau, ins Elsass und dort gelandet.

Mein Staffelkapitän, Wim Johnen, befand sich in einer wesentlich schwierigeren Lage. Nach Luftkampf mit einer Lancaster verlor er einen Motor und kurvte mit nur einem Motor etwas hilflos zwischen den Bergen in einem Gelände, welches er nicht kannte. Er wurde von den Bodenscheinwerfern immer geblendet, wie er in seinem Buch „Duell unter den Sternen" berichtet. Man schoss vom Boden grüne Leuchtsignale als Landefreigabe. Wegen der neuen Antennen und zusätzlicher Funkmess-Geräte konnte er seine Flughöhe schlecht halten. Da erkannte er vor sich einen hell erleuchteten Flugplatz; Fahrwerk heraus und hingesetzt.

Es war genau 02.15 Uhr Schweizer Zeit. An ein Durchstarten mit einem Motor war damals nicht zu denken. Beim Ausrollen sah er im Bordscheinwerfer abgestellte Boeing 17, also „fliegende Festungen", die an Tagen vorher von deutschen Tagjägern angeschossen und wie er dort notgelandet waren. Da wusste auch Wim, dass er sich in der Schweiz befand. Seine Maschine wurde gleich von bewaffneten Eidgenossen umstellt. Der Militärplatz hieß Dübendorf, bei Zürich. Die Besatzung der neuen Messerschmitt 110 G4 C9-EN Oblt. Wilhelm Johnen, Bordfunker Lt. Joachim Kamprath und Bordschütze Ofw. Paul Mahle wurden ins Offizierskasino geleitet, wo sie von den amerikanischen Bomberbesatzungen mit lautem Hallo und Sekt empfangen wurden:

▲ *Wim Johnen*

▲ *Auf dem Seitenleitwerk des Nachtjägers war das Abschussergebnis aufgemalt*

„Oh, ihr damned Messerschmitt-boys! Warum kämpft ihr noch für Hitler?“ So erzählte uns Wim später.

Davon wussten wir in Hagenau nach dem Nachteinsatz natürlich nichts. Für uns war wieder mal eine Besatzung vermisst. Nur zu oft fehlten nach solchen Angriffen gegen Kriegsende 20-30% der eingesetzten Maschinen: abgeschossen, außen- oder bruchgelandet, womöglich mit dem Fallschirm gerettet. Als nach einiger Zeit keine Meldung einging, entschloss sich der Kommandeur die Eltern zu benachrichtigen und hörte zu seinem Schrecken, dass die Eltern und Angehörigen von der Gestapo verhaftet worden waren. Die Staatspolizei hatte durch den Geheimdienst in der Schweiz viel bessere Informationen als wir. Man vermutete eine vorbereitete Fahnenflucht mit einem geheimen Flugzeug. Das war bei Wim Johnen unmöglich! Wir setzten alle Hebel in Bewegung, riefen den General an, der sich mit Göring in Verbindung setzte. Angeblich war Oberst Skorzeny, der Mussolini in einem Handstreich mit einem Fieseler Storch im Gran Sasso herausgeholt hatte, schon unterwegs, um das Nachtjagdflugzeug zu holen oder mindestens in die Luft zu sprengen. Wir hörten später, dass Göring sich gegen Himmler durchgesetzt hatte und auf Verhandlungen bestand. Die Angehörigen kamen nach sieben Tagen frei und wurden schriftlich zur Geheimhaltung verpflichtet.

Die Landung in der Schweiz erregte deshalb so viel Aufsehen bis ins Führerhauptquartier, weil Johnens Me 110 eines der wenigen zuletzt ausgelieferten Modelle war, das mit neuer Radartechnik SN2 und anderen höchst geheimen Funkmessgeräten und vor allen Dingen mit der neuen Schrägbewaffnung ausgerüstet war. Hauptmann Schönert und Ofw. Mahle in der II. NJG 5 waren 1943 die Initiatoren dieser beiden 20 mm Kanonen, die man zunächst in der Dornier 217 und später in den Kabinen der Nachtjagdmaschinen zusätzlich zur Frontbewaffnung mit Schussrichtung nach oben einbaute.

Die neue Taktik des Jägers bestand darin, sich bei Nacht bei etwa gleicher Geschwindigkeit unter den Bomber zu setzen und nach oben, aus ungefähr 50 m Entfernung, die Kraftstofftanks zu treffen. Das war der RAF unbekannt und es hat fast den ganzen Krieg gedauert, bis sie dahinter kamen. Die Viermotorigen waren nach unten unbewaffnet, die Sicht nach unten ist nachts immer schlechter als gegen den Himmel. Wir Nachtjäger nannten diese Angriffstaktik „Schräge Musik“.

Die Neue Züricher Zeitung berichtete am 24.4.1994 – 50 Jahre nach diesem Ereignis – über die Geheimverhandlungen, die zwischen den deutschen und

▼ *Die an die Schweiz gelieferten Me 109 G*

schweizer Geheimdiensten liefen. Nach zähen Verhandlungen kam man überein, das deutsche Nachtjagdflugzeug zu zerstören, ohne dass die Alliierten einen Blick darauf werfen konnten. Dafür sollte die Schweiz gegen Zahlung von 6 Millionen Franken in Gold 12 Tagjäger Me 109 G sofort geliefert bekommen. So geschah es: am 18. Mai 1944, um 22 Uhr, wurde Johnens Flugzeug am Rande des Flugplatzes Dübendorf vernichtet; fünf Tage später landeten die ersten Me 109 G, von deutschen Kampfpiloten gesteuert, ebenfalls in Dübendorf.

Viel Freude hatten die Schweizer nicht an diesen Flugzeugen. Denn viele der aus den Produktionswerkstätten an die Front gelieferten Kampfmaschinen – das galt auch für die Nachtjagd – zeigten Herstellungsmängel. Zu viele ungelernte Arbeiter und Fremdarbeiter waren in der Waffenproduktion beschäftigt. Die Schweizer stellten kyrillische Schriftzeichen an den Flugmotoren und Sabotagefälle fest. Schon auf der Nachtjagdschule in Ingolstadt hatten wir wegen Sabotage Piloten verloren. Waren die Flugzeuge einmal in den Händen unserer geschickten, deutschen Bordwarte, dann wurden daraus richtige Maschinen. Wir Piloten sagten immer: „Gib dem Bordwart ein Blech in die Hand und er macht ein Flugzeug daraus."

Am 19.5.1944 wurden Johnen und seine Besatzung im Austausch mit englischen Fliegern an Deutschland übergeben. Wim hatte Unmengen von Chesterfield-Zigaretten dabei und wurde bei seinem Eintreffen in der Staffel von uns stürmisch begrüßt und gefeiert. Bedrückt war er und blieb es auch, weil man seine Eltern so schlecht behandelt hatte. Er schoss im Verlaufe des weiteren Krieges noch 16 Bomber ab.

Dieser Austausch geschah natürlich entgegen dem Haager Abkommen aus der Vorkriegszeit. Aber wen interessierten in diesem Krieg schon Haager oder Genfer Konventionen?

XV

Mai - Juni 1944 als Nachtjäger in Ungarn – Kämpfe mit Partisanen –

Am 2.5.1944 – so mein Soldbuch – wurde unsere Gruppe unter dem neuen Kommandeur, dem Wiener Poldi Fellerer, von Frankreich nach Ungarn zur Partisanenbekämpfung und zur Abwehr der englischen Bomber aus Süditalien verlegt. Wir fanden einen Wiesenflugplatz mit Baracken, nicht weit von der Stadt Szombathely, deren Bevölkerung uns wesentlich freundlicher empfing, als wir es in Dänemark und Frankreich gewohnt waren. Vielleicht ahnten die Ungarn, dass beim Abzug der deutschen Truppen ihre Freiheit für Jahrzehnte verloren sein würde.

Die Auseinandersetzung mit den Partisanen war auch für uns Flieger ein sehr grausamer Krieg. Nacht für Nacht, wenn das Wetter es zuließ, wurden die in den Wäldern Jugoslawiens versteckten Tito-Partisanen, von Maschinen aus der Sowjetunion und von englischen Flugzeugen aus Süditalien mit Waffen, Material und Agenten versorgt. Die Sowjets flogen anfangs mit amerikanischen DC 3 und später mit Neuanlieferungen aus den USA, den schnellen B 25 vom Typ Mitchell, die mit über 400 km/h von uns mit den antennenbewehrten Me 110 nur schwer einzuholen waren. Erst nach dem Krieg las ich in mehreren Büchern (Leonhard, Henkels), dass die USA bis 1945 im Rahmen des Lend-Lease Act über 17000 Flugzeuge an die UdSSR geliefert hatten.

Für uns Nachtjäger war es sehr schwer, die tief fliegenden feindlichen Maschinen zu orten. Der Nachtluftkrieg war hier ein ganz anderer als über dem Reichsgebiet. Das Lichtenstein-Radar war in niedriger Höhe wenig hilfreich. Die Partisanenflugplätze, meist langgstreckte Wiesen zwischen den Bergen,

▲ *Johnen (links) begrüßt Spodens Besatzung*

wurden für die Versorgungsmaschinen nur kurz mit wenig Signalen ausgeleuchtet. Die Partisanen, verstärkt durch sowjetischen und britischen Agenten, verständigten sich über uns unbekannte Frequenzen mit ihren Flugzeugen und konnten so leicht die deutschen Nachtjäger ausmachen. Nur zu oft erhielten wir heftigen Beschuss und hatten eine Menge Verluste.

Bei Fallschirmabsprung und Notlandung erging es den deutschen Fliegern meist sehr übel. Ich bekam als Offizier der Gruppe, inzwischen Adjutant des Kommandeurs, Einsicht in mehrere Geheimakten (Geheime Kommandosache nur für Kommandeure) und sah die Fotos von zwei toten, massakrierten deutschen Fliegern, denen die Partisanen die abgeschnittenen Geschlechtsteile in den Mund gesteckt hatten. Wir diskutierten tagelang darüber und kamen von dem Thema nicht mehr los. Wie groß muss der Hass der Partisanen auf uns gewesen sein!

Wim Johnen berichtet in seinem Buch „Duell unter den Sternen", dass er bei einem normalen Übungsflug nicht weit von der Ortschaft Novisad durch die Partisanen heftig unter Beschuss geriet. Er startete mit einer Rotte Me 110, neu munitioniert, sofort zur „Vergeltungsaktion" und griff „mit geballter Kraft aus allen Rohren die feindlichen Stellungen" an.

Das bedeutete in einer mehr zivilen Sprache, dass jetzt mehrere Häuser brannten, eine Anzahl Partisanen, aber auch Unbeteiligte, darunter Frauen und Kinder, getötet waren und der Rest der Bevölkerung schreiend in die nahegelegenen Wälder flüchtete. Was sollte man von den Überlebenden mehr erwarten als Hass, tödlichen, grausamen Hass auf die deutschen Flieger! Ich weiß noch genau, wie wir stundenlang darüber diskutiert haben und auch nicht mehr weiter wussten.

Gegen Ende des 2. Weltkrieges war durch den Partisanenkrieg, den grausamen Luftkrieg, durch gegenseitiges Morden und Geiselerschießungen in Ost und West, eine Entwicklung in Bewegung gesetzt worden, die sich jedem vernünftigen Denken und dem normalen, menschlichen Verstand entzog. Die deutschen und fremden Soldaten, die Zivilbevölkerung in den besetzten Gebieten und in der Heimat, die Fremd- und Zwangsarbeiter, die Juden, die Sinti und Roma galten nichts mehr – wir waren alle nur noch Figuren, zum Leiden und zum Sterben bestimmt. Es war wie eine gewaltige, sich immer schneller drehende Schraube oder Spirale, die sich am Anfang langsam, aber dann immer fürchterlicher und schrecklicher drehte und alles, was einmal an menschlicher

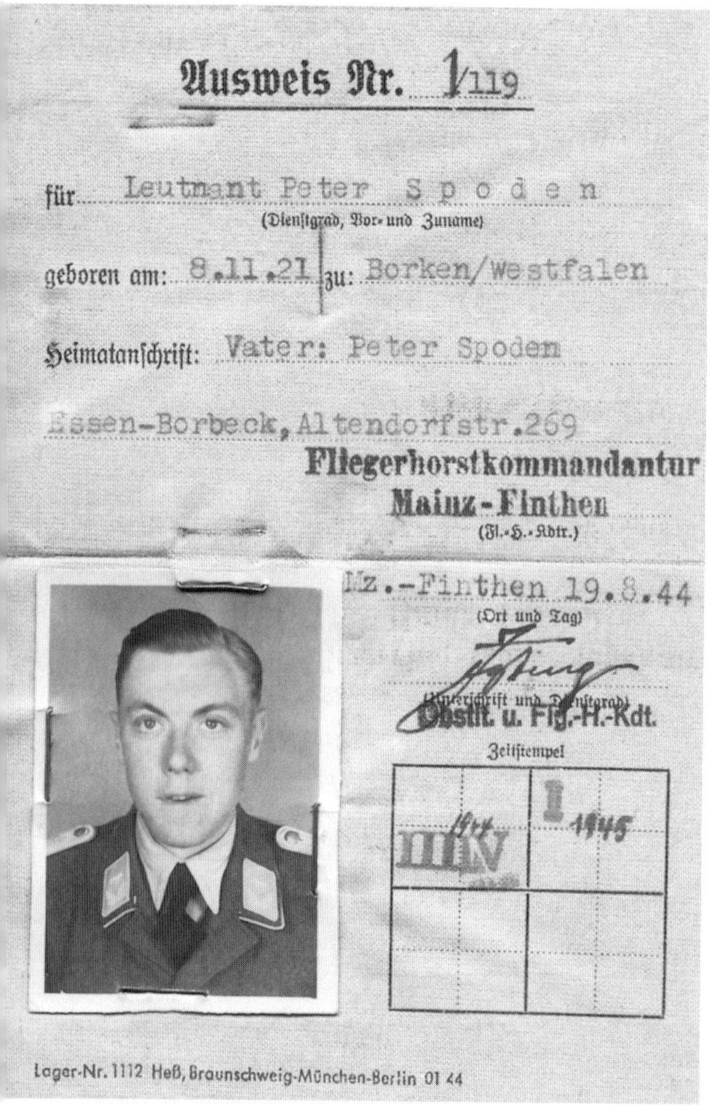

Ausweis Nr. 1/119

für Leutnant Peter Spoden
(Dienstgrad, Vor- und Zuname)

geboren am: 8.11.21 zu: Borken/Westfalen

Heimatanschrift: Vater: Peter Spoden

Essen-Borbeck, Altendorfstr. 269

Fliegerhorstkommandantur Mainz-Finthen
(Fl.-H.-Kdtr.)

Mz.-Finthen 19.8.44
(Ort und Tag)

(Unterschrift und Dienstgrad)
Obstlt. u. Flg.-H.-Kdt.

Zeitstempel

1944 III IV	I 1945

Lager-Nr. 1112 Heß, Braunschweig-München-Berlin 01 44

Würde, an Anstand und Sittlichkeit existiert hatte, in einen Abgrund mit sich riss und vernichtete.

Ich hatte damals eine fürchterliche Angst um mein Leben, wenn ich über Titos Land flog. Vielleicht auch ein Grund dafür, dass ich wochenlang keinen Abschuss zu verzeichnen hatte. Ich sah die Fotos der beiden massakrierten jungen Männer immer vor mir. Als junger Mann von zweiundzwanzig Jahren wollte ich leben und nicht so enden. Wir erhielten von der 7. Jagddivision in Budapest die Empfehlung, die Einsätze nur in Lederzeug ohne Abzeichen oder Ausweise zu fliegen und bei Notlandungen und Fallschirmabsprüngen nur Englisch zu sprechen. So bestand die Möglichkeit, von den Partisanen zu dem englischen Agenten geführt zu werden, wo man meist gerettet war. Wir hatten Geheimdienstberichte erhalten, wonach britische Offiziere deutsche Soldaten vor Grausamkeiten schützten und sie anschließend auf jugoslawischen Fischerbooten nach Süditalien in die dortigen Gefangenenlager transportieren ließen. Deutsche Küstenwachboote hatten solche Fischerboote in der Adria abgefangen und unter Deck die deutschen Soldaten und Flieger vorgefunden.

Nach dem Krieg bin ich als Tourist mehrere Male in Jugoslawien gewesen und habe als Skipper mit einer Hochseeyacht die wunderbare und friedvolle Inselwelt der Kornaten in der Adria abgesegelt – im Hinterkopf immer noch die Angst vor den Partisanen! Meine Söhne waren dabei, ich habe es ihnen nicht erzählt. Die Slowenen, Kroaten und Serben waren uns Deutschen gegenüber von großer Gastfreundschaft, wie man sie bei uns kaum noch findet. Und ich habe mich bei meinen Törns immer gefragt, was wir dort eigentlich als deutsche Soldaten zu suchen hatten?

Viel Feindberührung gab es bei mir nicht in diesem kurzen Sommer 1944. Dafür sollte es bei meiner Rückversetzung ins Reich im Herbst und Winter 1944/45 wieder ganz schlimm werden, das wusste ich aber in Ungarn noch nicht. Zu diesen wenigen ruhigen Sommertagen trug auch Eva bei, ein ungarisches Mädchen, das ich in Szombathely einfach auf deutsch angesprochen hatte und das mir höflich in fließendem Deutsch antwortete. Ich bekam bald heraus, dass sie siebzehn Jahre alt war, in Kürze Abiturprüfung hätte und gerne Deutsch sprechen würde. Nun, da war ich der richtige Mann. Sie war nicht nur hübsch mit dunkelblonden Haaren und hellen Augen, so gar nicht die Ungarin, die sich ein Soldat vorstellte und dazu noch blitzgescheit. „Bitte, komm doch mit zu meinen Eltern", meinte sie sogleich. Warum nicht? So ein Wunsch sprach doch für das Mädchen. Evas Mutter empfing mich freundlich,

▲ *Mit Eva in Ungarn 1944*

es gab gleich Kaffee und Kuchen. Ich fühlte mich wie zu Hause. Jetzt wusste ich, was mir so lange gefehlt hatte. Ich war doch in einer guten Familie groß geworden, hier in der Fremde fand ich das alles wieder. Das war doch etwas anderes als dieses Soldatenleben in Kasernen, Baracken und Feldflugplätzen und diese furchtbaren Angriffe jede Nacht. Doch ich musste nach dem Kaffee wieder schnell zum Fliegerhorst.

Je nach Meldungen über Feindeinflüge, fand jetzt am Abend die Einsatzbesprechung statt. Der Meteorologe sprach von Wetterfronten und Kommandeur Poldi Fellerer von neuer Angriffstaktik. Ich hörte kaum hin. Meine Gedanken waren ganz woanders. Diese Eva war ein nettes Mädchen, frisch, natürlich, intelligent und lustig. Am nächsten Morgen besorgte ich mir ein Fahrrad und fuhr wieder ins ungarische Städtchen, das damals noch völlig unberührt vom Krieg war. Eva war noch im Gymnasium. Als sie mich sah, lachte sie: der Flieger ist wieder da! Wir verlebten eine kurze schöne Zeit, tagsüber dachte ich nicht mehr an die Partisanen. Ich glaube heute, es wäre etwas Ernstes geworden, wenn mich nicht ein neuer Versetzungsbefehl aus dieser Idylle herausgerissen hätte. Poldi Fellerer hat Evas Klassenkameradin Martha in Szombathely geheiratet, ist mit ihr nach Wien gezogen und nach dem Krieg beim Aufbau der österreichischen Fliegerei mit seinem Kleinflugzeug tödlich abgestürzt.

Evas Eltern, es waren auch noch jüngere Geschwister da, ließen uns gewähren. Sie kannten ihre Tochter, nur die jüngere Schwester war immer neugierig und erschien öfters ungebeten in Evas Studierzimmer. Wir unterhielten uns über Musik und Literatur, natürlich nicht nur, dazu waren wir viel zu jung und dieser kurze Sommer viel zu schön. Ich erinnere mich noch recht genau, dass wir uns einmal über Franz Liszt zankten. Für mich war Liszt auch wegen seiner Nähe zu Wagner ein deutscher Musiker. Da blitzten ihre Augen! Liszt sei ein Ungar, das sollte ich eigentlich wissen. Sie hatte recht. Meine Enkelkinder werden mich demnächst belehren, dass Liszt, der in Budapest, Wien und Paris musiziert hat, ein großer Europäer war. Wir waren keine Kosmopoliten, wir waren damals Nationalisten, wir alle in Europa! Jeder hielt sein Land für das Größte!

An einem Nachmittag fragte mich Evas Mutter, ob ich wisse, wohin die Juden aus Szombathely kämen, die man mit der Eisenbahn ins Reich schickte. Ich wusste es auch nicht und fragte beim Kommandeur nach. Der meinte, die müssten in den Osten in Arbeitslager. Dies teilte ich auch Evas Mutter mit und die glaubte es ebenso wie ich. Es war dies ein Gespräch am Rande, ohne dass

▲ *Nachtjagdversion Junkers 88*

wir in diesen bewegten Zeiten darüber nachdachten. Erst Jahre nach dem Krieg, als im Eichmann-Prozess die Vernichtung der ungarischen Juden zur Sprache kam, erinnerte ich mich wieder an unser kurzes Gespräch. Und an dieser Stelle kommt dann immer die Frage, der ich im Inland und Ausland als Flugkapitän über hundert Mal begegnet bin: „Aber von den Konzentrationslagern hast du doch gewusst?"

Natürlich wussten wir, dass es KZs gab. Der Name Dachau war bekannt, ich bin oft nachts drüber geflogen. Konzentrationslager gehörten von Anfang an zum NS-Regime. Mein Vater erzählte schon 1934 in der Familie, ich war 12 oder 13 Jahre alt, dass in den KZs Kommunisten von den Sturmabteilungen zu harter Arbeit gezwungen würden. Regimegegner, Berufsverbrecher, später auch „Asoziale", Zeugen Jehovas und Homosexuelle, sollten dort in „Schutzhaft" genommen werden. Die Zahl der Häftlinge in den KZs betrug zu Anfang des Krieges etwa 25000 (nach Sachbücher in FAZ vom 27.1.95).

Aber von der planmäßigen Vernichtung der Juden, wie es heute unter dem Namen „Holocaust" bekannt ist, haben wir Flieger, ebenso wie die überwiegende Mehrheit der deutschen Bevölkerung, nichts gewusst. Man glaubt uns das heute nicht. Sogar einer meiner Söhne verstieg sich an einem Abend voller heftiger Diskussionen zu der Bemerkung: „Selbst wenn Ihr nichts gewusst habt, habt Ihr Euch schuldig gemacht!", und schloss dabei seine Mutter ein, die bei Kriegsende gerade 15 Jahre alt geworden war.

Wie hat der amerikanische Publizist Walter Lippmann einmal im Hinblick auf Deutschland gesagt: „Der Sieg über ein Land ist erst dann vollständig, wenn die Kriegspropaganda der Sieger in den Geschichtsbüchern der Besiegten Eingang gefunden hat und von der nächsten Generation geglaubt wird."

Nach dem 9. Nov. 1938 in der Oberschule und nach der Frage von Evas Mutter 1944, wurde ich im Sommer 1945 im Kriegsgefangenenlager St. Avold in Frankreich zum dritten Mal mit der Judenfrage konfrontiert. Amerikanische Offiziere hefteten im Hüttenlager Fotos von den Leichenbergen aus Bergen-Belsen an das „Schwarze Brett" und erwarteten unsere Reaktion. Wir standen als Gefangene zu Hunderten davor, schüttelten den Kopf und glaubten es nicht. „Das ist Propaganda", sagten wir, „wie bei Dr. Goebbels. Schaut uns doch an, sehen wir besser aus?" Im Frühjahr 1945 waren auf den offenen Rheinwiesen Zehntausende von uns an Entkräftung und Hunger gestorben (siehe James Braque: „Der geplante Tod"). Viele von uns hatten 30 - 40 Pfund

▼ *Neue Nachtjagdmaschine Heinkel 219 mit Bugrad*

Gewicht verloren. Ich musste immer ganz langsam aufstehen, sonst wurde mir flau und ich fiel um. Die amerikanischen Offiziere waren bitterböse, dass wir ihnen nicht glaubten.

Nach dem Krieg, als ich wieder bei der Bundesbahn arbeitete – das Fliegen war für zehn Jahre verboten – war ich, wie wohl alle Deutschen, entsetzt, als wir die Bilder und Filme von den Vernichtungslagern sahen, die uns immer wieder vorgeführt wurden. Wie war so etwas nur möglich? Wie konnte so etwas nur geschehen?

Am 29.7.1944 erhielt ich mit anderen Piloten eine überraschende Versetzung von Ungarn zu den Nachtjagdplätzen Echterdingen, Mainz-Finthen und Schwäbisch-Hall. Die RAF hatte ihre massiven Luftangriffe auf süddeutsche Städte verstärkt, ich war wieder richtig drin im Schlamassel. Eva und ich schrieben uns noch einige Feldpostbriefe, wie man das damals nannte. Wir haben uns nie wieder gesehen. Ich hoffte all diese Jahre nach dem Krieg nur, dass sie und ihre Familie bei der Besetzung durch sowjetische Truppen keinen Schaden genommen haben.

XVI

1944 Flächenbombardierungen auf deutsche Städte (area-bombing)

Zurück aus Ungarn fanden wir Nachtjäger eine völlig veränderte militärische Lage im Reich vor. Der Luftraum über Deutschland gehörte nicht mehr uns, sondern den alliierten Fliegern. Bei Tage erschien die 8. US-Luftflotte, inzwischen mit oft tausend viermotorigen „Fliegenden Festungen B 17“ aus England und Süditalien, begleitet von hunderten Langstreckenjägern vom Typ Mustang oder Thunderbolt, was das Ende der zahlenmäßig unterlegenen und abgekämpften deutschen Tagjagd bedeutete.

Während die Amerikaner in Tagesangriffen versuchten in der Hauptsache militärische Ziele anzugreifen, setzte die RAF ihre rücksichtlosen, nächtlichen Flächenbombardierungen auf die deutschen Städte fort, inzwischen auch begleitet von einer großen Zahl Mosquitos, vor denen wir Nachtjäger Respekt hatten. Sie waren schneller als wir, uns radarmäßig überlegen, hatten starke Bewaffnung und warteten an den wenigen noch intakten Nachtjagdflugplätzen auf uns, wenn wir landen mussten und wehrlos waren.

Bei den Angriffen der deutschen Luftwaffe auf Warschau, Rotterdam und Coventry bewegte sich 1939 - 1940 die Zahl der Toten unter den Unschuldigen und Zivilisten im drei- und vierstelligen Bereich, grausam und fürchterlich genug. Der RAF gelang es bei den 1000 Bomber-Angriffen und den Feuerstürmen von Hamburg, die makabre Zahl auf eine fünfstellige Zahl zu erhöhen. Bis schließlich die Amerikaner in Japan auch nicht mehr auf militärische Ziele ansetzten, sondern mit Atombomben auf Hiroshima und Nagasaki auf einen Schlag über 150000 Menschen töteten, mit fürchterlichen

▲ *Frankfurt 1937 – Römerberg, Paulskirche, Nicolaikirche*
▼ *Frankfurt 1945 – Römerberg, Paulskirche, Nicolaikirche*

Langzeitschäden durch Verstrahlung der Überlebenden. Das Ungeheuerliche und Entsetzliche an diesen Zahlen ist, dass es in der Mehrheit Frauen und Kinder waren, die sich unter den Toten befanden.

Nach Ungarn erlebte ich als Nachtjäger viele Nachtangriffe und sah die Agonie von Kassel, Frankfurt, Darmstadt, Mannheim, Pforzheim, Stuttgart, Heilbronn, Augsburg, München, Würzburg, Nürnberg, Dessau, Dresden – man kann sich heute unsere Gefühle von damals nicht mehr vorstellen. In vielen dieser Städte bin ich vor dem Krieg als 16 - 17jähriger mit meinen Eltern, der Schulklasse oder allein gewandert und in Begleitung von Freunden mit dem Fahrrad gefahren. Die alte Reichsstadt Frankfurt mit ihrem mittelalterlichen Kern, Goethes Geburtshaus, die Gemäldegalerien in Kassel, die Burg in Nürnberg und München, diese wunderbare Stadt, das Deutsche Museum – ich erhielt dort vor dem Krieg durch die Alfred-Krupp-Stiftung ein Stipendium – hatten mich als Pennäler fasziniert und auch stolz gemacht auf mein Land. Das alles brannte jetzt lichterloh, eingedeckt mit Phosphor und Sprengbomben, mit vielen sterbenden, unschuldigen Menschen da unten.

Wir Nachtjäger hatten eine unheimliche Wut im Bauch! Vielleicht kann man verstehen, dass wir bis zum Schluss immer wieder nachts aufstiegen, immer wieder versuchten, viermotorige Bomber abzuschießen. Uns interessierte nichts anderes als das. Peter Hinchliffe, der schon erwähnte englische Navigator, schreibt in seinem Buch „The Other Battle" in deutscher Fassung „Luftkrieg bei Nacht 1939-1945" über die deutschen Nachtjäger:

„Sie sahen die Zielmarkierungen der Pfadfinder über ihren Städten niederschweben und mussten mit ansehen, wie die Städte unter ihnen brannten und im Feuersturm zu Asche wurden. Sie wussten, dass da unten Menschen starben, oft unter unsäglichen Qualen. Sie hatten diese Luftangriffe selbst durchlitten und viele von ihnen hatten Familienangehörige verloren. Sie wussten, dass jeder Bomber, den sie abschossen, einer weniger war, der seine Spreng- und Brandbomben auf ihr Land und seine Menschen abwerfen konnte, und dieses Wissen verlieh ihrem Handeln Stärke. Aber sie wussten auch, dass der Tod auf sie wartete – jedesmal, wenn sie zu einem Einsatz vom Boden abhoben. Die Verluste unter den deutschen Nachtjagdbesatzungen waren hoch, besonders unter den Neulingen. Abgesehen von den Abwehrwaffen der Bomber, die sie angriffen, stellten sie sich den Gefahren des schlechten Wetters und – mehr noch im Verlaufe des Krieges – der schrecklichen Vergeltung, die eingedrungene und marodierende Beaufighter und Mosquito der RAF ausübten, wenn sie – scheinbar aus dem Nichts – urplötzlich auftauchten

▲ *Jagdflieger Steinhoff nach schweren Verbrennungen beim Absturz mit Messerschnitt-Jet 262*

▲ *Spoden mit Schutzbrille nach Augenverletzung*

und ihre Flugzeuge mit einer tödlichen Mischung aus panzerbrechenden Spreng- und Brandmunition durchsiebten."

Ich hatte oft genug Magenschmerzen von der wilden Kurbelei nachts, um bei Radarkontakt von hinten den Mosquitos steil wegzukurven und fühlte mich sauübel und war unausgeschlafen, weil die Tagesangriffe der Amerikaner, auf die Flugplätze, uns auch keine Ruhe ließen, wurde mehrere Male brennend abgeschossen und wie auch viele andere Nachtjäger verwundet, ...

In Kornwestheim bei Stuttgart, machte ich mit der C9-DN nachts an einer Böschung, wegen stehen gebliebener Motoren und zerschossener Funkanlage eine Bruchlandung, weil Feldwebel Schmiedler, der schon zehn Mal abgesprungen war, es trotz meines mehrmals zugerufenen Befehls, ablehnte auszusteigen. Bei defekter Radioanlage nachts, über den Wolken, sollte mit dem Fallschirm abgesprungen und nicht blind durch die Wolken gestoßen werden, so hieß die klare Anordnung im Geschwader. Fw. Schmiedler schrie mich in der Maschine über die Eigenverständigung hinter mir an, dass er den Befehl verweigere, weil seine Knochen nicht mehr zusammenwachsen würden, wenn er noch mal ausstiege, zu oft habe er sie gebrochen. Nun hatte ich doch schon Uffz. Ballweg in Berlin beim Fallschirmabsprung verloren. Ich machte mir solche Vorwürfe. Also wieder risikoreiche Außenlandung nachts, mit 95% Bruch und wieder mehrere Wochen Lazarett. Es gab kein Zurück mehr, wir flogen immer wieder – ganz gleich ob Nebel oder Vereisung.

Über der Lüneburger Heide musste ich im Steigflug wegen starker Vereisung mit meiner Besatzung erneut nachts abspringen. Das Flugzeug ließ sich nicht mehr halten, es war zu viel Eis auf den Flächen und wir trudelten in den Wolken herunter. Unten trafen wir uns. Uffz Kiel, mein Bordfunker, hatte das Fußgelenk gebrochen, nachts ist das Aufkommen immer risikoreich – und über uns hörten wir die vielen Motoren der einfliegenden Bomber. Wir waren also richtig auf Kurs gewesen. Es war fürchterlich, wir hörten sie endlos brummen, ein unheimliches, lange anhaltendes, tiefes Brummen der anfliegenden Bombergeschwader und konnten nichts mehr machen. Die Hilfslosigkeit war das Schlimmste!

Am 4.12.1944 waren insgesamt 282 viermotorige Lancaster und zehn Mosquito mit dem Ziel auf Heilbronn gestartet (nach Bläsi-Schrenk: Heilbronn 1944/45). Gleichzeitig wurden andere deutsche Städte, wie Karlsruhe, mit 369 Lancaster und 154 Halifax angegriffen, das führte zur Zersplitterung der Nachtjagd und wie so oft, zur Nervosität und Kopflosigkeit der Führungsstäbe.

▲ *Die englische Besatzung der Lancaster LM 259 (91 U)*
(von links) Doug Cleary, Jan Herbert, Jim Hudson, unbekannt

Unsere II. Gruppe im Nachtjagdgeschwader 6 meldete, nach dem noch vorhandenen Kriegstagebuch:

An Verlusten:

eine JU 88 Hptm. Wallner mit Besatzung tot – Wallner war vor dem Krieg Lufthansa-Flugkapitän – seine Eltern lebten in Heilbronn –
eine JU 88 Ofw. Schöler tot – gegen 19.45 Uhr wegen Vereisung bei Echterdingen abgestürzt –
eine JU 88 Uffz. Kreutzer um 20.15 Uhr bei Heilbronn durch engl. Fernnachtjäger abgeschossen –

An Abschüssen:

eine Lancaster südl. Heibronn Hptm. Wallner	19.30 Uhr
eine Lancaster südl. Heilbronn Lt. Spoden	19.33 Uhr
eine Lancaster nördl. Heilbronn Fw. Bunje	19.34 Uhr
eine Lancaster südwestl. Heilbronn Lt. Spoden	19.38 Uhr
eine Lancaster südwestl. Heilbronn Lt Spoden	19.42 Uhr

Nach diesen drei Abschüssen in knapp neun Minuten, zum Teil bei heftigem Gegenfeuer, war ich ziemlich fertig, nass geschwitzt und zitternd am ganzen Körper. Nein, ich hatte nicht die Nerven wie einige wenige hervorragende Nachtjäger, die in einer Nacht sechs oder mehr Abschüsse erzielten. In dieser Nacht hielten die BMW-Motoren, trotz der vielen Einschüsse, bis zur Landung in Schwäbisch-Hall durch.

Es waren mehr als 30 Jahre vergangen, als mich die Erinnerungen auch über diese Nacht wieder einmal einholten. Ich war glücklich verheiratet, hatte erwachsene Kinder, wohnte im Taunus und mein Beruf als Zivilflieger erfüllte mich. Die Kriegsjahre waren lange vorbei. Diese verrückte, idiotische Zeit war kein Thema mehr für mich. Es war kein Verdrängen, wie man heute so gerne sagt. Ich hatte einfach keine Lust mehr, über die Vergangenheit lange nachzudenken.

Da schrieb mir ein schwäbischer Heimatforscher mit Namen Leibbrand, dass er die Aufschlagstelle einer Lancaster LM 259 (91-U), die ich bei Heilbronn abgeschossen hatte, gefunden habe, ein Augenzeuge noch lebe und er in Kontakt stehe mit den Engländern, die seinerzeit mit dem Fallschirm abgesprungen seien.

THE CITIZEN, THURSDAY, APRIL 6, 1989 11

Differences forgotten as war pilots meet

by Citizen Reporter

A RETIRED Gloucester airman met the man who shot him down over Germany nearly 45 years ago during a return visit to the area.

Mr. Jim Hudson (65), of Sovereign Court, Henry Street was one of a seven-man crew of a RAF Lancaster bomber on a bombing raid over the city of Heilbronn in December 1944.

Research carried out by local residents Herr Adolf Liebrand found that the pilot of the night fighter which shot down Mr. Hudson's plane was Herr Peter Spoden, now 67 years old, a senior captain with the German national airline, Lufthansa.

Herr Liebrand put the two men in touch, and Herr Spoden invited Mr. Hudson to visit him. "I have been to Germany many times since the war, but had always stayed away from Heilbronn because of the memories it hold for me," Mr. Hudson said.

Mr. Hudson spent four days in the area, during which time he was entertained by local dignitaries, shown a film of the area's history, and was taken to the old record's office, which was destroyed in the raid and has now become a memorial to what Mr. Hudson called "that awful night".

"Out of the population of 90,000 in Heilbronn itself, 6,350 people died in just half an hour. In addition, all schools, hospitals and churches were destroyed in the mission," he added.

The highlight of Mr. Hudson's visit was going to the actual spot, near the village of Heutingsheim, about ten miles from Heilbronn, where his plane came down.

"I felt great emotion at this, but my hosts could not have been any kinder. They allowed me time alone there to pay respects to Peter Webb, the crew member killed in the raid."

■ Mr. Jim Hudson (right) presents the man who shot down his Lancaster, Herr Peter Spoden (left) with a framed portrait of one of the planes

▲ *Zeitungsartikel im „The Citizen" über Treffen Hudson-Spoden*

Wenig später erreichte mich ein Brief aus Auckland, New Zealand. Ein Mr. Arculus, Historiker und „Researcher", der den Weg von neuseeländischen Piloten bei der RAF verfolgte, bat um Auskunft über die Heilbronner Nacht. Er gab mir auch gleich die Namen der Besatzung der LM 259 durch:

Lancaster LM 259 (91-U)	Pilot:	F.Officer	Jan Herbert – New Zealand
		Sgt.	Jim Hudson – Wales
		Sgt.	J.D.W.Maxwell – Scotland
		F/O	Doug Cleary – New Zealand
		Sgt.	T.R.Aspinall
		Sgt.	Peter Webb
		Sgt.	W.R. Whitbread

Alle, außer dem neunzehnjährigen Peter Webb, konnten mit dem Fallschirm südwestlich Heilbronn abspringen. Ich hatte mit Schrägbewaffnung von unten auf die linken Flächentanks geschossen. Peter Webb war der MG-Schütze im oberen Schießstand der Lancaster gewesen und muss bei dem Schusswechsel so schwer getroffen worden sein, dass er nicht mehr aussteigen konnte.

1946 schrieb der Flight-Officer Doug Cleary, Bombenschütze der Lancaster LM 259, zurückgekehrt aus deutscher Kriegsgefangenschaft einen Bericht, den mir Mr. Arculus überließ (auszugsweise):

„Unsere Vorbesprechung war um 14.00 Uhr und das Ziel Heilbronn. Unsere Staffel sollte den Verschiebebahnhof treffen, während die anderen Staffeln die Stadt selbst auslöschen sollten (to wipe out the town Heilbronn). Wir starteten um 17.00 Uhr, begleitet von dem Daumenhochhalten des Bodenpersonals und dem Winken der Mädels der Nachrichtentruppe am Flughafen. Der Flug bis Heilbronn war ziemlich ereignislos, abgesehen von dem üblichen Flakfeuer und den Suchscheinwerfern. Wie erwartet, war der Verschiebebahnhof in Wolken eingehüllt und wir konnten keinen sauberen Bombenanflug durchführen. Wir flogen also noch einmal um die Stadt herum zu einem neuen Anflug, eine fatale Entscheidung! Gerade in der Kurve, schrie plötzlich der hintere MG-Schütze: „Jäger, Jäger, schnell nach links, go, go!". Ein Hagel von Geschossen ergoss sich durch den Rumpf, Flächen und Motoren. Ich befand mich mit dem Sgt. Jim Hudson in der Nase unseres Flugzeugs, wir beide waren unverletzt. Sgt. Peter Webb, der obere MG-Schütze wurde gleich getötet. Der Notabwurf der Bomben klappte nicht, eine 500 Pfundbombe blieb hängen. Zwei Motoren brannten jetzt heftig, wir verloren Flughöhe, die Bombenschächte waren verklemmt, unsere Lage

▲ *Die besagte Lancaster LM 259 (91 U) mit aufgemalten 28 Feindflügen*

war aussichtslos. Der Skipper Jan Herbert brauchte nicht lange, um den Befehl zu geben, das Flugzeug zu verlassen (abandon aircraft).“

Jan Herbert und Jim Hudson bestätigten einige Jahrzehnte später auf Befragen von Mr. Arculus diese Aussagen. Jan stellte einen Motor noch kontrolliert ab (feathered one engine), konnte aber den Brand an dem anderen Motor auf Backbordseite und der linken Fläche nicht beherrschen. Er hielt das Flugzeug solange wie möglich, glaubte, dass alle abgesprungen seien, schaltete die Lancaster auf Autopilot und sprang dann ebenfalls ab.

Es war der 29. Feindflug, sagte Herbert später, bei 30 Flügen hätten sie ihr Soll erfüllt gehabt. Die Flugzeit zu ihren Linien hinter dem Rhein hätte 40 Minuten betragen. Der Flugingenieur Jim Hudson schenkte mir später ein Bild dieser Lancaster mit aufgemalten 28 Feindflügen. Bei uns wurden die Abschüsse am Leitwerk markiert, bei der RAF die Zahl der Feindflüge am Rumpf.

Jetzt befanden sich die sechs Überlebenden an Fallschirmen über Schwaben. Sie versuchten sich zu verstecken und mit einem Taschenkompass und kleinen Landkarten die Schweiz zu erreichen. Nach einigen Tagen wurden sie alle entdeckt, von Bauern, vom Volksturm oder Patrouillen, die nach ihnen suchten. Am weitesten kam Jan Herbert in Richtung Schweiz. Jim Hudson fiel einer Wehrmachtstreife in die Hände, als er mit einem gestohlenen Fahrrad auf der linken Seite der Autobahn fuhr. Als guter Engländer kannte er die Verkehrsregeln des Kontinents nicht.

Dies alles hörte ich von Arculus und dem Flugingenieur Sgt. Jim Hudson, der mich am 31. März 1989 in Frankfurt überraschend besuchte. Wir trafen uns im Rhein-Main-Flughafen, er war von mittelgroßer kräftiger Statur mit Bart und dicken Brillengläsern, sah mehr aus wie ein Oxfordprofessor, denn wie ein ehemaliger Kampfflieger der RAF.

Wir beide verstanden uns gleich, richtige Flieger haben da keine Probleme und auf ging es nach Heilbronn, der Stätte unserer Untaten. Der schwäbische Heimatforscher Leibbrand hatte alles vorzüglich organisiert. Wir fanden die Aufschlagstelle der Lancaster bei Heutingsheim, jetzt noch im umgeflügten Acker als grosse dunkle Stelle erkennbar. Ein damals 15-jähriger junger Schafhirte, Gerhard Palmer, sah am 4.12.1944 nicht weit von seiner Herde, den brennenden Absturz und wusste auch, dass man den einzigen Toten, den jungen Peter Webb, zuerst in Heutingsheim und später in München beigesetzt hatte.

▼ *Bei Ortsbesichtigung 1989 (von links) Historiker Leibbrand, Peter Spoden, der Schäfer Gerhard Palmer und Jim Hudson*

Wir besuchten dann, unter der fachkundigen Führung des Oberstudiendirektors a. D. Hubert Bläsi, die inzwischen wieder aufgebaute Heilbronner Hauptkirche, die Kilianskirche und nicht weit davon die Wandplatte: 6370 Tote am 4.12.1944 in 20 Minuten, davon über 1000 Kinder unter 14 Jahren!

Das ging uns beiden alten Männern unter die Haut. Jim war genauso erschüttert wie ich. Er sagte nur: „Peter, I did not know that". (Peter, ich wusste das nicht!) Ich konnte nicht anders, ich nahm ihn in die Arme und zwei alte Flieger standen da, wortlos. Nun, mit dem Nichtwissen haben offenbar alle Krieg führenden Völker so ihre Probleme.

Die nächsten Jahre korrespondierten, telefonierten und redeten wir beide immer wieder zusammen und konnten nicht begreifen, dass wir uns einmal gegenseitig töten wollten. Wir machten Jan Herbert in Tarurutangi (Neuseeland) aus, er besitzt dort eine große Farm mit tausenden von Schafen. Wäre ich jünger, ich würde ihn mal besuchen. Auch er ist nicht mehr so munter, wie mir seine Frau kürzlich schrieb. Seine Söhne besitzen einen bekannten Rennstall; natürlich ist Jan ebenso mehrfacher Großvater wie wir alle. Doug Cleary starb früh an Alzheimer, die übrigen englischen Besatzungsmitglieder sind verschollen. Das Grab des neunzehnjährigen Peter Webb wird weiterhin auf dem Soldatenfriedhof in München gepflegt.

Vor drei Jahren schrieb mir plötzlich Tim Hudson, Jimmys Sohn, dass sein Vater einem Herzschlag erlegen sei. Das ging mir sehr nahe, ich hatte einen guten Freund verloren.

XVII

Ardennenoffensive – von eigener Flak am 27.12.1944 abgeschossen

Wenige Monate vor dem vollständigen Zusammenbruch des Reiches, kam der GRÖFAZ (größter Feldherr aller Zeiten), wie er von einigen Stabs-Offizieren inzwischen ironisch genannt wurde, auf die Idee, am 16.12.1944 im Westen eine Offensive gegen die Amerikaner zu starten, anstatt den Osten gegen die Sowjets zu stärken und den Westen offen zu machen. Das erinnerte fatal an die ebenso sinnlose Westoffensive der deutschen Heeresleitung im März 1918, die ebenfalls nach einigen Erfolgen unter der Übermacht des Gegners zusammenbrach. Rund 100000 deutsche Soldaten fanden 1944/45 bei dieser so genannten Ardennenoffensive den Tod. Natürlich musste die Nachtjagd in Nacht-Schlachteinsätzen gegen Fahrzeugkolonnen und Lokomotiven dabei sein. Dafür wurden vornehmlich junge Besatzungen, frisch von den Jagdschulen, unter großen Verlusten eingesetzt, während die abschusserfahrenen Piloten weiterhin auf die Bomberströme angesetzt wurden.

Zumindest lernten die Amerikaner, das erste Mal im vergangenen Jahrhundert, für einige Tage das Rückwärtslaufen, worin ihnen die Deutschen seit Jahren weitaus überlegen waren. Die belgische Stadt Bastogne wurde am 21.12.1944 von deutschen Panzerverbänden eingekesselt. Man befürchtete nachts den Einsatz von US-Fallschirmjägern in Lastenseglern, zur Entlastung der Stadt. Das Nachtjagdgeschwader 6 ließ am 27.12.44 neun Maschinen Ju 88 und Me 110 laut dem schon erwähnten Kriegstagebuch in den Raum Bastogne - Metz

▲ *Eine andere „bauchgelandete" Ju 88 (Aufnahme Rökker)*

- Sedan und Verdun starten. Dort hatten einmal mein Urgroßvater 1871 und mein Vater 1916 als Soldaten gekämpft und nun auch ich – welche Ironie des Schicksals!

Ich erinnere mich noch sehr genau an diese Nacht. Es war sternenklar, die Höhen der Eifel schneebedeckt – im Tiefflug konnten wir uns mit der Ju 88 2Z-FP durch die Täler bewegen. Das war zwar fliegerisch nicht ungefährlich, aber immer noch besser, als in größerer Höhe Beute der vielen englischen Fernnachtjäger zu werden. In Frontnähe, nicht weit von der belgischen Grenze, sahen wir brennende Häuser und leichtes Artilleriefeuer. Ich kurvte zwei Mal durch ein Tal – ein Fehler – und erhielt beim zweiten Anflug kräftiges Feuer von einer Berghöhe – der linke Motor brannte sofort lichterloh. In etwa 100 Meter Flughöhe zwischen den Bergen war für uns vier an ein geordnetes Aussteigen nicht mehr zu denken. Ich sah eine schneebedeckte Waldlichtung vor mir: darauf los gesteuert, Gas heraus, Bauchlandung, Bruch!

Mit dem Kopf schlug ich heftig gegen die Visiereinrichtung, blutete und wurde von meiner Besatzung aus der brennenden Maschine gezogen. Dieses Mal war Uffz. Kiel nicht dabei. Den drei anderen Besatzungsmitgliedern Bordfunker Wilhelm Koy, Bf. Bernhard Iwert und Bordschütze Friedrich Pelzer war, abgesehen von einigen schmerzhaften Prellungen und Hautabschürfungen, nichts geschehen. Da ich sicher war, dass mich US-Flak abgeschossen hatte, rief ich der Besatzung zu: „Alle Funkunterlagen verbrennen! Abhauen!“ Da hörten wir eine deutsche Stimme: „Lebt hier jemand?“ Es war ein deutscher Landser und vorgeschobener Posten, der sich vorsichtig mit Maschinenpistole dem brennenden Flugzeug näherte, nachdem er die deutschen Kennzeichen am Rumpf gesehen hatte. Den fragte ich sogleich, wer denn oben den Hügel besetzt hielte, von dem ich das Flakfeuer erhalten hatte. Das sei eine Oberschulklasse mit einem deutschen Unteroffizier, nicht weit von Stadtkyll, die erst kürzlich zur Flakartillerie eingezogen worden waren. Wir waren baff! Zunächst ging es mal zum Verbandsplatz, wo unsere Wunden genäht und die Schrammen verarztet wurden. Einer der Ärzte, der an meinen Schmissen arbeitete, bemerkte noch: „Wie bei einer Mensur. Euch Fliegern gefällt wohl dieser Krieg?“ Auch das habe ich nicht vergessen. Ich hätte ihm ins Gesicht schlagen können!

Im Juli 1996 schickte mir ein Herr Axel Paul aus der Eifel, von der AG für Rheinische Luftkriegsgeschichte, eine Skizze vom Lampertstal, wo man die Überreste meiner Ju 88 G6 2Z-FP gefunden hatte. Er hat mich zu einer Besichtigung eingeladen. Was sollte ich da? So sehr ich Waldwanderungen liebe,

▲ *Englischer Fernnachtjäger „Mosquito“*

ich werde dort nicht mehr hingehen. Mir ging es am 25.7.2000 durch Mark und Bein, als ich die Concorde bei Paris mit brennendem Motor abstürzen sah. Was haben wir in der Eifel für ein unverschämtes Glück gehabt!

Der Bataillonskommandeur der Panzergrenadiere lieh uns einen Kübelwagen, mit dem wir zu der Flakstellung fuhren. Es war nicht zu fassen, die jungen 15- und 16jährigen Flaksoldaten hatten bereits einen Ring um ihr 2-cm-Geschütz gemalt – das Zeichen für einen Abschuss. Der Unteroffizier dieser blutjungen Soldaten sah mich mit großen Augen an und wusste gleich Bescheid: „Herr Oberleutnant, ich habe Sie für eine Mosquito gehalten, so viele deutsche Flieger gibt's doch gar nicht mehr. Bloß keine Meldung, sonst komme ich noch vors Kriegsgericht, bitte!" Ich versprach es ihm, wenn er mir 20 Liter Benzin für die Heimreise zu meiner Staffel besorgen würde.

Die Fahrt zum Fliegerhorst Schwäbisch-Hall dauerte Tage oder besser viele Nächte. Denn der Januarhimmel hatte aufgeklart, die Alliierten setzten tagsüber ihre ganze Luftwaffe mit Mustangs, Lightnings, Thunderbolts und Boeings ein und schossen linksrheinisch auf alles, das sich bewegte. Eisenbahnen, Bahnhöfe, Brücken, Pkw, Lkw, Schulbusse, auch die Bauern hinterm Pferdepflug, alles wurde angegriffen, Strom und Telefon gab es nicht mehr. General Patton marschierte nach Norden und entsetzte Bastogne. Die Ardennenoffensive war gescheitert. Meine Eltern wurden informiert, dass ihr Sohn vermisst sei. Mein Vater, der ähnliches immer schon befürchtet hatte, eilte sofort nach Schwäbisch-Hall und war natürlich glücklich, als er mich nach einigen Tagen, wenn auch mit einem Kopfverband, wiedersah. Erneut seine dringende Bitte: „Junge, lass Dich nicht totschießen, der Krieg ist vorbei."

Ich zeigte ihm auf dem Fliegerhorst meine neue Ju 88 G6 mit modernsten Radareinrichtungen – alles geheim, sagte ich und verwies auf die herumstehenden Jets Me 262 – auf den Raketenjäger Me 163 und erwähnte die Raketen V1 und V2, das V hieß Vergeltungswaffen für die Flächenbombardierungen. „Papa, wir schaffen das schon", so sagte ich ihm. „Wir müssen es schaffen!" Er schüttelte nur den Kopf.

Ich muss es damals tatsächlich geglaubt haben, denn ich erinnere mich der Worte an meinen Vater im Januar 1945 sehr genau. Wir beide haben nach dem Krieg öfter darüber gesprochen. Noch vier Monate sollte ich Nachteinsätze fliegen.

XVIII

Frühjahr 1945 - Chaos in Deutschland

In den letzten Kriegsmonaten ging in Deutschland alles drunter und drüber. Es herrschte ein unvorstellbares Chaos! In den Trümmern der Städte wohnten in zerstörten Wohnungen Millionen ohne Wasser und Strom. Die Lebensmittelversorgung war zusammengebrochen. Heizung gab es keine. Die alliierten Flieger ließen der Bevölkerung Tag und Nacht keine Ruhe. Der „totale Krieg", den Dr. Goebbels im Reichsportpalast großmäulig angekündigt hatte, war über das Land eingebrochen. Wenngleich ab 9. Mai 1945 die Kampfhandlungen beendet waren, sollten noch drei Jahre, bis 1948, große Not und schlimmer Hunger die Menschen bedrücken. Über 15 Millionen Deutsche waren vor der Roten Armee ins Restdeutschland geflüchtet. 3 1/2 Millionen Sudetendeutsche wurden in den „Friedenszeiten" nach 1945 aus ihrer Heimat vertrieben. Es ist nie festgestellt worden, wieviel Deutsche nach dem Krieg an Hunger, an seelischen Zusammenbrüchen, durch Verlust der engsten Angehörigen, ihrer Wohnungen und Entzug jeglicher Lebensgrundlage gestorben sind.

Zugleich ertönten während der letzten Kriegsmonate im Radio, so man noch eins hatte, die Durchhalteparolen und Berichte über Wunderwaffen wie Jets und Raketen. In den Zeitungen standen Meldungen über die Greueltaten der Sowjets in Ostpreußen, wie in Nemersdorf, wo Frauen vergewaltigt und Kinder ermordet worden waren. Der Name Katyn stand für die Ermordung von tausenden polnischer Offiziere. Die Stimmung in der Bevölkerung reichte vom Fatalismus, über Wut und Zorn auf die Alliierten, bis zum verzweifelten und erfolglosen Widerstand Einzelner gegen das Regime.

▲ *Jet Messerschmitt 262 flog an die 900 km/h*

Mir ist es heute unfassbar, wie wir wenigen deutschen Flieger, ganz gleich ob Tag- oder Nachtjäger, immer wieder in den Himmel stiegen und uns mit 20 oder 30 Flugzeugen gegen eine Armada von alliierten Luftstreitkräften warfen, die jetzt oft mit 1000 und mehr viermotorigen Maschinen und hunderten von Begleitjägern einflogen. Es muss der Mut der Verzweiflung gewesen sein, der uns damals bewegt hat, ein Mut, den es nicht nur in der Luftwaffe, sondern auch bei den Erdtruppen und bei der Marine gegeben hat, bei der Rückführung von Millionen aus Ost- und Westpreußen.

In der Nacht vom 16. auf den 17. März 1945 flogen etwa 400 viermotorige Bomber der RAF, unter starkem Mosquitoschutz, verheerende Angriffe auf die mittelalterlichen Stadtkerne von Nürnberg und Würzburg. Das britische Bombercommand hatte Erfahrung in solchen Flächenbombardements: einen Monat zuvor war Dresden zerstört worden. Die Zahl der zivilen Opfer ging wieder in die Zehntausende. Unser Nachtjagdgeschwader 6, wenn auch stark geschwächt, war immer noch für die Nachtverteidigung des süddeutschen Raumes verantwortlich. NJG 6 brachte 23 Nachtjagdmaschinen in die Luft (nach Kriegstagebuch von Werner Kock). Diese 23 Besatzungen schossen 20 Viermotorige ab, bei nur 2 eigenen Verlusten. Es flogen nur diejenigen bewährten Piloten, die sich in den letzten Jahren immer wieder mit den Bombern herumgeschlagen und überlebt hatten und die mit dem einzigen Gedanken hochstiegen, mindestens einen Bomber runterzuholen. Es war das letzte Aufbäumen unseres Geschwaders gegen die übermächtige RAF.

Ich war nicht dabei, denn ich hatte vom Fliegerarzt Flugverbot erhalten. Einige Tage vorher war ich mit meiner Besatzung aus der Ju 88 G6 - 2Z-DP nach Beschuss und Ausfall eines Motors beim Angriff auf Dessau mit dem Fallschirm abgesprungen und hatte mir wieder mal beim nächtlichen Aufkommen die Fußgelenke und mein verkürztes Bein erheblich lädiert. So erlebte ich dieses Mal am Boden, am 15.3.1945, auf dem Gefechtsstand, das grausame Schicksal von vier Fliegern auf der Landebahn in Schwäbisch-Hall, das ich all diese Jahre nicht vergessen kann und das mich immer noch tief bewegt.

Hauptmann Fritz Griese meldete mir über Funksprech, dass er wegen Feindfeuer mit der Ju 88 G6 - 2Z-HN sofort eine Bauchlandung in Hall machen müsse. Ich war mit der Besatzung befreundet: es waren Ofw. Georg Hennrich, Fw. Werner Hirsch und Ogefr. Heinrich Eberle, alle um die zwanzig Jahre herum. Wir alarmierten sofort Feuerwehr und Sanitätskraftwagen mit Stabsarzt, wie immer, wenn sich ein Flugzeug mit Schwierigkeiten der Landebahn

▲ *Eine der wenigen Me 262 für den Nachtjagdeinsatz*

näherte. Wir eilten alle nach draußen und beobachteten in der Nacht – es war gegen Mitternacht – den Anflug ohne Positionslichter, weil englische Fernnachtjäger gemeldet waren.

Es sah alles gut aus, die Maschine setzte ohne Fahrwerk auf, rutschte noch ein wenig, fing aber sofort Feuer und stand lichterloh in Flammen. Wir rannten sogleich hinzu, um der Besatzung zu helfen. Die Feuerwehr versuchte zu löschen. Wir erkannten die in der Cockpit eingeklemmte und schreiende Besatzung, da ging mit einem ungeheuren Getöse die 2 cm Munition hoch. Das Flugzeug war noch voll munitioniert, in alle Richtungen spritzten die Brand- und Sprenggranaten. Wir, auch die Feuerwehrmänner, warfen uns auf den Boden, krallten uns in die Erde, wollten aufstehen und die wenigen Meter zum Flugzeug kriechen. Es ging nicht. Es war ein furchtbares Geschieße um uns herum und wir mussten mit ansehen, wie unsere schrecklich gestikulierenden Kameraden, die sich nicht selbst befreien konnten, vor unseren Augen verbrannten. Es war furchtbar!

Die Reste der Jungens liegen, mit vielen anderen Fliegern, auf dem Friedhof in Schwäbisch-Hall begraben.

Am 20.3.1945 kam plötzlich von der 7. Jagddivision der Befehl: Oberlt. Spoden sofort von Schwäbisch-Hall nach Großsachsenheim. Dort war der Gruppenchef Hauptmann Friedrich mit der von ihm abgeschossenen Lancaster zusammengestoßen und beide Besatzungen tödlich abgestürzt. Kein Einzelfall in der Nachtjagd, nur zu oft lagen Freund und Feind zusammen unten. Es war Friedrichs dreißigster Abschuss, wenige Wochen nach seiner Hochzeit. Jetzt war ich an Stelle von Friedrich als neuer Gruppenkommandeur dort eingesetzt und hatte mit einem Schlage die Verantwortung über mehr als 200 Flieger, das Bodenpersonal und nur wenige flugfähige Nachtjagdmaschinen.

Die Front rückte immer näher. Als amerikanische Panzer den Rhein überquert hatten, zogen wir uns auf Anordnung der 7. Jagddivision auf den alten Flugplatz Oberschleissheim, bei München, zurück. Dort, auf dem traditionsreichen, königlich-bayrischen Flugplatz von 1912, noch heute mit den alten Gebäuden und den Flugzeugen des Deutschen Museums ein Juwel der Fliegerei, sollten wir das Kriegsende erleben.

IXX

29. 4. 1945 Erdkampf und Gefangennahme Fliegerhorst Oberschleissheim

Es wurde bis zum letzten Tag geflogen, soweit noch Maschinen und Kraftstoff vorhanden waren. Die jungen, in der Nachtjagd unerfahrenen Besatzungen, erlitten nachts in Tiefflugangriffen auf amerikanische Fahrzeugkolonnen, schwere Verluste. Das schon erwähnte Kriegstagebuch des NJG 6 berichtet am 25.3.1945 über einen feindlichen Panzerdurchbruch bei Aschaffenburg und Nachtangriffe des Geschwaders auf die inzwischen feindliche Rheinbrücke bei Oppenheim ohne besondere Wirkung, wegen massiven Abwehrfeuers der US-Infanterie und Flakabwehr. Drei eigene Flugzeuge Me 110 und Ju 88 gingen dabei verloren, die Besatzungen wurden vermisst.

Vermisst! Das hat mich auch nach dem Krieg nicht ruhen lassen. Ich habe durch Briefwechsel mit unserem Bundesarchiv in Freiburg und dem National-Archiv der USA in Washington versucht, das Schicksal der vermissten Flieger unserer Nachtjagdgruppe aufzuklären, die offenbar von amerikanischen Bodentruppen bei den nächtlichen Tiefangriffen abgeschossen worden waren. Die deutschen und US-Unterlagen gaben keine Auskunft über den Verbleib der Überreste dieser deutschen Flieger. Man hat sie einfach liegen gelassen oder verscharrt, ohne die Erkennungsmarke abzureißen; oder die vermoderten Reste erscheinen jetzt wieder, wenn nach Jahrzehnten irgendwo im Moor oder in einem stillgelegten See die Trümmer einer abgeschossenen Maschine auftauchen. In den letzten Monaten des Krieges zählten die Überreste deutscher Flieger in Feindesland nicht viel.

Nach über 50 Jahren teilte man hier in Königstein einer über 90 Jahre alten Dame mit, dass man ihren Sohn – seit 1944 als junger Oberfähnrich und

▲ *Oblt. Spoden unter seinen Offizieren INJG 6, April 1945*

Jagdflieger vermisst – bei der Trockenlegung eines holländischen Gewässers mit den Überresten der Messerschmitt geborgen habe. Sie wollte es nicht glauben und sagte nur immer wieder: „Das kann nicht stimmen. Der Junge kommt doch noch!"

Die alten Besatzungen starteten jetzt nachts auf Wiesen und Autobahnen ohne Befeuerung und landeten ebenso im Dunkeln. Wir steckten in Oberschleissheim beim nächtlichen Anflug am Rollbahnende nur kurz eine Lampe an, um die Landerichtung zu markieren und die englischen Nachtjäger fernzuhalten. Am 21.4.1945 erfolgte nachts ein Bumerang-Anflug von 25 - 30 Mosquitos mit Bomben-abwurf auf Oberschleissheim. Schnell wurden am Morgen die Bombentrichter wieder zugeschüttet. Bei einer Nachtlandung konnte ich mit meiner Besatzung nur noch ganz schnell aus der Ju 88 springen, als unser Heckschütze schrie: „Mosquito von hinten!" und überlebte mit meinen Männern durch blitzschnelles Wegrennen, während die Maschine durch Beschuss in Flammen aufging.

Ich hatte damals mit meinem Leben abgeschlossen. Wieso sollte gerade ich überleben, wo schon so viele junge Männer in meinem Alter, Jahrgang 1921, den Tod gefunden hatten? Warum kämpften wir bis zum Schluss? Ich weiß darauf auch heute noch keine richtige Antwort. War es das gegebene Wort, der Fahneneid? War es die Verantwortung gegenüber der Zivilbevölkerung, den Frauen und Kindern, die sich doch auf den Schutz durch uns Nachtjäger verlassen mussten? Vielleicht hat die Haltung der Alliierten mit der bedingungslosen Kapitulation (unconditional surrender), gleich zu Beginn des Krieges aufgestellt, zu einer Verhärtung auf unserer Seite geführt. Wir wussten, dass die Gefangenschaft für uns kein Spaziergang sein würde. Viele von uns sind nachher in den so genannten „Friedenszeiten" über 10 Jahre in den Arbeitslagern geblieben, die man auch Gulags und KZs nennen kann und sind, wenn überhaupt, als menschliche Wracks zurückgekehrt. Wir wussten, dass man Deutschland nach diesem Krieg noch mehr bestrafen würde als 1919 in Versailles und so ist es dann auch geschehen!

Am 27.4.1945 wurde ich als junger Gruppenkommandeur zum Geschwaderchef Herbert Lütje bestellt: „Spoden, wir haben keinen Sprit mehr. Sprengen Sie Ihre Maschinen und verteidigen Sie Oberschleissheim im Erdkampf!" „Jawoll, Herr Major!" Da hatte ich die Bescherung!

Ich versammelte meine Männer, über 200 an der Zahl, die meisten viel älter als ich – die Jungen waren an der Ostfront – und sagte ihnen eindringlich,

▲ *April 1945*

dass sie beim Angriff der Amerikaner nicht losballern, sondern erst meinen Schießbefehl abwarten sollten. Sie hatten genausowenig Erdkampferfahrung wie ich als Flieger. Obwohl ich gerade 23 Jahre alt war, gab es keine Disziplinlosigkeit oder Desertion. Irgendwie vertrauten sie mir.

Wir bezogen daher am 29.4.1945 Stellung in Schützengräben, die wir vor Schleissheim schnell ausgehoben hatten, legten auf die Brüstung die 2-cm-Kanonen aus den gesprengten Ju 88 und unsere wenigen Gewehre und warteten auf die „Amis". Hinter unseren Stellungen hatte unser Stabsarzt Dr. Buschmann Sanitätszelte für Verwundete und Verletzte im Wald aufgebaut. Dort konnte er auch Notoperationen vornehmen.

Am frühen Morgen sah ich durchs Fernglas auf den Straßen links und rechts hunderte von Panzern in Richtung München vorbeifahren. So viele Panzer hatten wir Nachtjäger im ganzen Krieg nicht gesehen. Über uns flogen jetzt die US-Artillerieflieger in gelben Pipers, hatten uns aber nicht entdeckt. Unsere Tarnung war gut, davon verstanden wir Flieger etwas.

Gegen 10.00 Uhr, rechtzeitig nach der amerikanischen Frühstückspause, fuhren in ungefähr 2000 m Entfernung sieben feldgraue Omnibusse vor, aus denen etwa 500 US-Infanteristen ausstiegen und in breiter Front auf den Flugplatz Oberschleissheim losmarschierten. Wenn ich jetzt Feuerbefehl gegeben hätte, wäre sicher eine große Anzahl von US-Soldaten von unseren 2-cm-Geschossen und Gewehren getötet worden. Aber mir war auch klar, dass uns die feindliche Artillerie und die amerikanischen Panzer anschließend furchtbar eingedeckt hätten.

Also rief ich: „Hat einer von Euch einen weißen Lappen?" Ich habe noch nie so viele weiße Tücher gesehen. Die Männer hatten die Fallschirme zerschnitten und sich daraus Halstücher gefertigt. Ich fühlte mich nicht wohl als ich aus dem Graben kroch und den heranrückenden Amerikanern zuwinkte. Jetzt konnte ich von hinten und von vorne abgeknallt werden. Aber die Boys aus USA winkten gleich mit den Helmen zurück. Einer kam auf mich zu, hielt mir die Maschinenpistole an die Schläfe: „You SS?" – „NO, no ich bin Luftwaffe!", „Luftwaffe kaputt.", sagte er verächtlich und zog weiter.

In mehreren Tagen ging es über die Lager Nördlingen, Heilbronn zu den berüchtigten Rheinwiesen, wo noch viele von uns an Hunger und Auszehrung sterben sollten. Aber das ist eine andere Geschichte.

▲ *Kriegsgefangenenlager 1945, Rheinwiesen: (James Braque)*

In der Gefangenschaft und auch nach dem Krieg, wenn wir uns trafen, kamen viele alte Männer meiner Gruppe, die meisten aus Schwaben und dem Allgäu, zu mir und drückten mir die Hand: „Herr Oberleutnant, das haben Sie richtig gemacht!". Dieser Dank ist mir mehr wert als alle Orden, die ich in diesem verrückten Krieg erhalten habe.

Personenverzeichnis

Literaturhinweis:

Aders, Gebhard „Die Geschichte der deutschen Nachtjagd“
Bläsi-Schrenk „Heilbronn 1944/45“
Boiten, Theo „Nachtjagd-Nightfighter versus Bomber“
Braque, James „Der geplante Tod“
Galland, Adolf „Die Ersten und die Letzten“
Hastings, Max „Bomber-Command“
Held, Werner „Die deutsche Nachtjagd“
Hinchliffe, Peter „Luftkrieg bei Nacht 1939-1945“
Johnen, Wilhelm „Duell unter den Sternen“
Kock, Werner „Das Kriegstagebuch des NJG 6“
Middlebrook, Martin „The Peenemünde Raid“
Middlebrook, Martin „The Battle of Hamburg“
Price, Alfred „Luftschlacht über Deutschland“
Rökker, Heinz „Chronik I. NJG 2“
Williams, David „Nightfighters“

Bildnachweis:

Spoden (61), Rökker (5), NZZ (3), Dr.Buschmann (2), Irving (2), Johnen (2), Kern (2), Mickel (2), Price (2), Braque (1), Held (1), Herbert (1), Hudson (1), RAF (1)